Richter · Gamisch

Die neue Entgeltordnung erfolgreich vorbereiten

Vom Arbeitsvorgang zur Stellenbeschreibung

Richter · Gamisch

Die neue Entgeltordnung erfolgreich vorbereiten

Vom Arbeitsvorgang
zur Stellenbeschreibung

Luchterhand 2010

Bibliografische Information der Deutschen Nationalbibliothek
Die Deutsche Nationalbibliothek verzeichnet diese Publikation in der Deutschen Nationalbibliografie; detaillierte bibliografische Daten sind im Internet über **http://dnb.d-nb.de** abrufbar.

ISBN 978-3-472-07623-0

www.wolterskluwer.de
www.luchterhand-fachverlag.de

Umschlagkonzeption: Martina Busch, Grafikdesign, Fürstenfeldbruck
Satz: Satz-Offizin Hümmer GmbH, Waldbüttelbrunn
Druck, Verarbeitung: Wilhelm & Adam, Heusenstamm

∞ Gedruckt auf säurefreiem, alterungsbeständigem und chlorfreiem Papier.

Vorwort

Die neue Entgeltordnung lässt auf sich warten. Es gilt aber, diese Zeit gewinnbringend zu nutzen!

Mittlerweile zeichnet es sich ab, dass die Neuregelungen das alte Recht aufgreifen werden.

Aber auch für den Fall, dass das zukünftige System Überraschungen birgt, gilt:

Sie sollten die Zeit nutzen und jetzt die Grundlagen für die rechtssichere und zügige Umstellung auf das neue Recht legen.

Wir wollen Ihnen mit diesem Buch aus unserer Praxis heraus Anregungen und Hilfestellungen geben, damit Sie erfolgreich starten können.

Zur leichteren Orientierung sind wichtige Themen mit folgenden Symbolen gekennzeichnet ...

t	... für unsere **Thesen**
	... für besonders **wichtige** Aspekte mit Praxisbezug
	... für **Praxis-Tipps**
	... für **Zitate**
	... für **Schaubilder** zur kompakten Zusammenfassung von Ausführungen
	... für **Leseempfehlungen**

Den Leserinnen und Lesern dieses Buches möchten wir eine schnelle und zuverlässige Hilfe an die Hand geben. Ausschließlich im Interesse der Lesefreundlichkeit verwenden wir deshalb die männliche Sprachform.

Achim Richter
Mönchengladbach

Annett Gamisch
Fulda

Inhaltsverzeichnis

Abkürzungsverzeichnis

a. A.	anderer Ansicht
Abs.	Absatz
Anm.	Anmerkung
AP	Hueck, Nipperdey, Dietz, Arbeitsrechtliche Praxis, Nachschlagewerk des Bundesarbeitsgerichts
ArbG	Arbeitsgericht
Art.	Artikel
AuA	Arbeit und Arbeitsrecht (Zeitschrift)
AuR	Arbeit und Recht (Zeitschrift)
AVR.Bayern	Arbeitsvertragsrichtlinien des Diakonischen Werkes Bayern
AVR.Diakonie	Arbeitsvertragsrichtlinien des Diakonischen Werkes
BAT/-O	Bundes-Angestelltentarifvertrag/-Ost
BBesG	Bundesbesoldungsgesetz
BBiG	Berufsbildungsgesetz
BetrVG	Betriebsverfassungsgesetz
BGB	Bürgerliches Gesetzbuch
BPersVG	Bundespersonalvertretungsgesetz
BVerwG	Bundesverwaltungsgericht
bzgl.	bezüglich
bzw.	beziehungsweise
ca.	circa
d. h.	das heißt
EG	Entgeltgruppe
EKG	Elektro-Kardiographie
etc.	et cetera
f., ff.	folgende
gem.	gemäß
GewO	Gewerbeordnung
ggf.	gegebenenfalls
i. d. R.	in der Regel
i. S. d.	im Sinne der/des
IT	Informationstechnik
i.V. m.	in Verbindung mit
KGSt	Kommunale Gemeinschaftsstelle für Verwaltungsmanagement
LAG	Landesarbeitsgericht
LAGE	Entscheidungen der Landesarbeitsgerichte
LPVG NW	Landespersonalvertretungsgesetz Nordrhein-Westfalen
m. w. N.	mit weiteren Nachweisen
Nr.	Nummer
Nrn.	Nummern
NZA	Neue Zeitschrift für Arbeitsrecht (Zeitschrift)
NZA-RR	Neue Zeitschrift für Arbeitsrecht – Rechtsprechungsreport (Zeitschrift)

o. g.	oben genannt
PersR	Der Personalrat (Zeitschrift)
PersV	Die Personalvertretung (Zeitschrift)
Rdnr.	Randnummer
rkr.	rechtskräftig
S.	Seite
s.	siehe
SGB IX	Sozialgesetzbuch – Neuntes Buch
s. o.	siehe oben
sog.	sogenannt
s. u.	siehe unten
TV-L	Tarifvertrag für den öffentlichen Dienst der Länder
TV-V	Tarifvertrag für Versorgungsbetriebe
TVöD	Tarifvertrag für den öffentlichen Dienst
u. a.	unter anderem
u. E.	unseres Erachtens
vgl.	vergleiche
z. B.	zum Beispiel
zit.	zitiert
ZPO	Zivilprozessordnung
ZTR	Zeitschrift für Tarifrecht (Zeitschrift)

Literaturhinweise

Altvater, L./Hamer, W./Kröll, M.: Bundespersonalvertretungsgesetz, Frankfurt am Main 2008

Arnold, R.: Das Santiago-Prinzip – Systemische Führung im lernenden Unternehmen, Baltmannsweiler 2009

Arnold, R.: Personalentwicklung im lernenden Unternehmen, Baltmannsweiler 3. Auflage 2006

Arnold, R.: Weiterbildung, München 1996

Arnold, R./Krämer-Stürzl, A./Siebert, H.: Dozentenleitfaden, Berlin 1999

Bea, F. X./Scheurer, S./Hesselmann, S.: Projektmanagement, Stuttgart 2008

Bredemeier, J./Neffke, R./Cerff, G.: TVöD/TV-L, 3. Auflage München 2007

Bremecker, D./Hock, K./Klapproth, D.-K.: TVöD – Das neue Tarifrecht im öffentlichen Dienst, Freiburg i. Br. 2005

Bretschneider, F./Wildt, J.: Handbuch Akkreditierung von Studiengängen, Bielefeld 2005

Brunner, A.: Die Kunst des Fragens, München/Wien 2006

Bueren, H.: Betriebliche Gesundheitsförderung, Frankfurt am Main 2002

Clemens, H./Scheuring, O./Steingen, W.: TV-L, Stuttgart/München/Hannover/Berlin/Weimar/Dresden, Stand September 2009

Dassau, A./Langenbrinck, B.: TVöD Schnelleinstieg ins neue Tarifrecht, 2. Auflage Heidelberg/München 2006

Döring, K. W.: Handbuch Lehren und Trainieren in der Weiterbildung, Weinheim/Basel 2008

Doppler, K./Lauterburg, C.: Change Management – Den Unternehmenswandel gestalten, Frankfurt am Main 2008

Fieg, W./Rothländer, C.: Das ver.di-Modell einer Entgeltordnung zum TVöD und zum TV-L, ZTR 2008, S. 410–420

Fischer, U./Reihsner, R.: Personalplanung, Frankfurt am Main 2002

Fitting, K.: Betriebsverfassungsgesetz mit Wahlordnung, 24. Auflage München 2008

Frese, E. (Hrsg.): Handwörterbuch der Organisation, Stuttgart 1992

Gehm, T.: Kommunikation im Beruf, Weinheim/Basel 2006

Gröner, H./Fuchs-Brüninghoff, E.: Lexikon der Berufsausbildung, München 2004

Herzberg, B./Schaum, U.: Tarifvertrag Versorgungsbetriebe, Köln 2001; Stand: Juli 2009

Hochschulrektorenkonferenz (HRK), Statistische Daten zur Einführung von Bachelor- und Masterstudiengängen Sommersemester 2009, Bonn April 2009

Hofmann, H.: Das Tarifrecht im öffentlichen Dienst – Eingruppierung von A-Z, Neuwied 1994

Hofmann, H.: Tarifrecht im öffentlichen Dienst, Eingruppierung von A-Z, Köln Stand November 2009

Hofstetter, S.: Stellenbeschreibungen für die Personalpraxis, Zürich 2009

Knebel, H./Schneider, H.: Die Stellenbeschreibung, Frankfurt am Main 2006

Kollmer, N.: Arbeitsschutzgesetz und -verordnungen, München 2008

Krämer, M.: Grundlagen und Praxis der Personalentwicklung, Göttingen 2007

Krasemann, K.: Das Eingruppierungsrecht des BAT/BAT-O, Frankfurt am Main 2005
Kuner, M.: Leistungsorientierte Bezahlung im TVöD und TV-L, München 2007
Kuster, J./Huber, E./Lippmann, R.: Handbuch Projektmanagement, Berlin/Heidelberg 2008
Leist, A./Mischlewitz, T.: Leistungsentgelt auf Grundlage des TVöD, Köln 2007
Litke, H.-D.: Projektmanagement, München 2007
Litschen, K./Kratz, F./Weiß, J.: Leistungsorientierte Bezahlung im öffentlichen Dienst, München 2006
Mentzel, W.: Personalentwicklung, 3. Auflage München 2008
Nickels S./Repkewitz U./Richter A.: Personalrecht A-Z, Köln Stand September 2009
Reich, A.: Hochschulrahmengesetz, Bad Honnef 2007
Richter, A./Brüggemann, M.: Weiterbilden – ein Muss für Arbeitnehmer, AuA 8/2003, S. 28–30
Richter, A./Gamisch, A.: Am Anfang steht der Arbeitsvorgang – Systematisierung und aktuelle Rechtsprechung, RiA 2008, S. 145–154
Richter, A./Gamisch, A., Das Stelleninterview als Instrument der Eingruppierung, RiA 2007, S. 145–151
Richter, A./Gamisch, A., Das Stelleninterview zur Eingruppierung, Regensburg/Berlin 2007a
Richter, A./Gamisch, A.: Die neuen Hochschulabschlüsse Bachelor und Master im Eingruppierungsrecht des öffentlichen Dienstes, RiA 2009, S. 97–103
Richter, A./Gamisch, A.: Die Stellenbeschreibung im öffentlichen Dienst, RiA 2006, S. 245–252
Richter, A./Gamisch, A.: Die Stellenbewertungskommission als Instrument der Eingruppierung, RiA 2007, S. 241–246
Richter A./Gamisch A.: Der aktuelle Tarifvertrag Sozial- und Erziehungsdienst, Regensburg 2010
Richter A./Gamisch A.: Der gescheiterte Weg zum Insourcing? – Die neue Entgeltgruppe 1 im öffentlichen Dienst, AuA 2009, S. 360–363
Richter, A./Gamisch, A.: Eingruppierung nach AVR.Diakonie, Regensburg 2008
Richter, A./Gamisch, A.: Eingruppierung Tarifvertrag Versorgung, Regensburg/Berlin 2007b
Richter A./Gamisch A.: Grundlagen der Eingruppierung, Regensburg 2009a
Richter A./Gamisch A.: Leistungsorientierung über beschleunigte und verzögerte Stufenaufstiege gemäß § 17 Abs. 2 TVöD/TV-L?, RiA 2008, S. 49–55
Richter, A./Gamisch, A.: Meine Rechte beim neuen Leistungslohn, Regensburg/Berlin 2007c
Richter A./Gamisch A.: Stellenbeschreibung für den öffentlichen und kirchlichen Dienst, 3. Auflage Regensburg 2009b
Richter, A./Gamisch, A.: Tarifliche Ansprüche auf Weiterbildung: Wachsendes Problembewusstsein für das neue Rechtsgebiet ›Bildungsrecht, AuA 2007, S. 95–98
Richter A./Gamisch A.: Zeitanteile im Tarifrecht – ihre Ermittlung und Relevanz für die Eingruppierung, RiA 2008, S. 241–248
Richter A./Gamisch A.: Zukünftiges Eingruppierungsrecht erfolgreich vorbereiten – Öffentlicher Dienst zwischen Dynamik und Stillstand, AuA 2008, S. 106–108
Richter, A./Gamisch, A./Henseleit, E., Die neuen AVR Diakonie für Bayern, Regensburg 2008

Richter, A./Kaufmann, M.: Die lernende Organisation – Herausforderung auf Dauer, AuA 1/2004, S. 30–32
Richter, A./Kaufmann, M.: Stellenbeschreibung – Mehr als ein Etikett, AuA 7/2004, S. 25–28
Richter, A./Kaufmann, M.: Stellenbeschreibung im öffentlichen Dienst – Ein Muss für korrekte Eingruppierungen, AuA 2005, S. 282–286
Schäfer, F.: Change Management für den öffentlichen Dienst, Hamburg 2005
Scholz, C.: Personalmanagement, 5. Auflage München 2000
Schuler, H.: Lehrbuch der Personalpsychologie, Göttingen/Bern/Wien/Toronto/Seattle/Oxford/Prag 2006
Schwarz, H.: Arbeitsplatzbeschreibungen, Freiburg i. Br. 1995
Senge, P. M.: Die fünfte Disziplin, Stuttgart 1999
Siebert, H.: Didaktisches Handeln in der Erwachsenenbildung, 6. Auflage Hergensweiler 2009
Siepmann, H./Siepmann, U.: Stellenbewertung für Kommunalbeamte, 3. Auflage Köln 2001
Sonntag, J./Bauer, J./Bockholt, M.: Die Eingruppierung im öffentlichen Dienst, Köln 2007
Steinbuch, P.: Organisation, Ludwigshafen 2001
Steinherr, F.: Auszuübende Tätigkeit, Eingruppierung und Direktionsrecht – eine Bestandsaufnahme der Rechtsprechung des BAG, ZTR 2005, S. 303–310
Weber, K.: Impulse für eine fortschrittliche Fort- und Weiterbildung, PersR 2009, S. 489–491
Wittlage, H.: Methoden und Techniken praktischer Organisationsarbeit, 3. Auflage Herne/Berlin 1993

1. Kapitel: Am Anfang ...

1.1 Was die Zukunft bringt

Die Reform der Tarifverträge des öffentlichen Dienstes wirft in der Praxis viele Umsetzungsfragen auf. Dies trifft insbesondere auf die angekündigte neue Entgeltordnung zu. Über deren Grundlagen besteht Einigkeit. So soll auch künftig Basis der Eingruppierung aller Beschäftigten die »auszuübende Tätigkeit« sein, gegliedert nach »Arbeitsvorgängen« und »Zeitanteilen«. Bis zu deren in Kraft treten haben alle Eingruppierungsvorgänge ab Entgeltgruppe 2 gem. § 17 Abs. 3 TVÜ vorläufigen Charakter. 1

So fragen sich schon jetzt viele Praktiker, wie diese Vorgänge dann zeitnah überprüft werden können.

	Eine wichtige Grundlage dieser Prüfung sind Stellenbeschreibungen. Da über die für eine Stellenbeschreibung maßgeblichen Eckpunkte der neuen Entgeltordnung Einigkeit besteht, kann mit der Erstellung dieser bereits begonnen werden.

Das Stelleninterview ist dabei eine effektive und effiziente Form der Informationsgewinnung.

	Steinherr, ZTR 2005, S. 303 ff.

1.2 Die Mitbestimmung der Arbeitnehmervertretung

Die Automatik der Überleitung aus den bisherigen Vergütungs- und Lohngruppen in die neuen Entgeltgruppen hatte die für die Arbeitgeber rechtlich komfortable Situation geschaffen, dass keine Mitbestimmungsrechte der Arbeitnehmervertretung zu beachten waren. Denn die Überleitungstabellen des TVÜ-VKA/-Bund/-Länder ließen nach Ansicht des VG Mainz keinen Spielraum für betriebliche Mitbestimmung (vgl. VG Mainz Urteil vom 5. April 2006, Az.: 5 K 592/05 MZ, rkr., NZA-RR 2006, S. 502 ff.). 2

Nunmehr vertritt das BAG eine andere Ansicht.

	Das BAG geht davon aus, dass alle drei Teilschritte der Überleitung ein Mitbestimmungsrecht der Arbeitnehmervertretung auslösen (zu den Einzelheiten s. S. 134). s. BAG Urteil vom 22. April 2009, Az.: 4 ABR 14/08

Mit der Einführung der neuen Entgeltordnung entsteht in jedem Fall ein Mitbestimmungsrecht der Arbeitnehmervertretung. Das BAG hatte bereits in einem vergleichbaren Fall entschieden:

> »Dass bei einer nicht nur redaktionellen Änderung der anzuwendenden Lohngruppenordnung eine Neueingruppierung erforderlich ist ...«

(BAG Urteil vom 27. Juli 1993, AP Nr. 110 zu § 99 BetrVG 1972 mit Hinweis auf BAG Urteil vom 3. Oktober 1989, AP Nr. 75 zu § 99 BetrVG 1972; BAG Urteil vom 18. Juni 1991, AP Nr. 105 zu § 99 BetrVG 1972).

Und in zwei weiteren Entscheidungen heißt es:

> »Eine Umgruppierung findet nicht nur statt, wenn dem Arbeitnehmer eine andere Tätigkeit zugewiesen wird, die den Tätigkeitsmerkmalen einer anderen Vergütungsgruppe entspricht, sondern auch, wenn sich bei gleich bleibender Tätigkeit des Arbeitnehmers die Vergütungsordnung ändert.«

(BAG Urteil vom 26. Oktober 2004, AP Nr. 29 zu § 99 BetrVG 1972 Eingruppierung mit Hinweis auf BAG Urteil vom 10. Dezember 2002, AP Nr. 42 zu § 95 BetrVG 1972).

Damit korrespondierend vertritt das Bundesverwaltungsgericht die Ansicht, dass eine Neu-Eingruppierung auch vorliegt, wenn die bestehende Eingruppierung aus Anlass der Übertragung neuer Aufgaben, die auf einem bisher noch nicht bewerteten Arbeitsplatz anfallen, überprüft wird und sich die bisherigen Tätigkeiten wesentlich verändert haben (vgl. BVerwGE S. 110, S. 151 ff. = PersR 2000, S. 106 ff.; s. a. VG Berlin Urteil vom 12. Oktober 2006, Az.: VG 71 A 3.06; rkr.; PersR 2007, S. 253 ff.).

	Beide Sachverhalte verbindet, dass nach dem Sinn und Zweck der Mitbestimmung gem. § 75 Abs. 1 Nr. 2 BPersVG bzw. § 99 Abs. 1 BetrVG die Arbeitnehmervertretung jede (neue) Eingruppierung einmal überprüft haben muss.

Nicht nur im Lichte der neuen Rechtsprechung (s. o.) dürfte sich damit bei der neuen Entgeltordnung die Bewertungsprüfung durch den Personal- bzw. Betriebsrat nicht vermeiden lassen. So müssen sich die Arbeitgeber – wie schon die Dienstgeber im Bereich der geänderten Arbeitsvertragsrichtlinien des Diakonischen Werkes – auf eine Vielzahl von Mitbestimmungsverfahren einrichten.

	Nehmen die Arbeitnehmervertreter ihr Amt ernst, sind »listenmäßige« Eingruppierungen und Zustimmungsverfahren, wie sie in der einen oder anderen Dienststelle der Diakonie anlässlich der Einführung des neuen Eingruppierungsrechts der Arbeitsvertragsrichtlinien vorgekommen sind, nicht möglich.

Im Grunde muss jede Eingruppierung unter Vorlage der aktuellen Stellenbeschreibung mitbestimmt werden. Dieses Verfahren ist zeit- und kraftaufwendig. Stellenbewertungskommissionen helfen, das Verfahren zu vereinfachen und zu beschleunigen.

	Altvater/Hamer/Kröll 2008 Fitting 2008

1.3 Unsere Thesen zur neuen Entgeltordnung

Zum Einstieg fassen wir unsere Leitsätze kurz und knapp zusammen! Sie als Leser entscheiden, ob und an welcher Stelle Sie die Einführung der neuen Entgeltordnung vorbereiten werden! 3

Thesen zum 2. Kapitel: ... steht die gescheite(-rte) Reform!?

1. These: Die Neugestaltung des Eingruppierungsrechts im TVöD und TV-L hat sich bis zum heutigen Tage verzögert. 4
2. These: Vielleicht haben die letzten Tarifverhandlungen zum TVöD und TV-L einen neuen Anstoß gegeben, sich diesem Thema endlich zu stellen.
3. These: Wirkliche Alternativen zum bisherigen, verpönten Eingruppierungsrecht des BAT sind bis heute nicht ersichtlich.
4. These: Das eröffnet eine neue Sichtweise: Die Eingruppierungsvorschriften des BAT sind nicht in jeder Beziehung untauglich für die (zukünftige) Praxis.
5. These: Vieles spricht dafür, dass an bewährten Regelungen des BAT angeknüpft wird.
6. These: Im Arbeiterbereich sollen grundlegende Bestimmungen des alten BAT übernommen werden.
7. These: In jedem Fall gilt es, die Zeit bis zum In-Kraft-Treten der neuen Entgeltordnung sinnvoll zu nutzen.
8. These: Denn nur bei einer ordentlichen Vorbereitung wird das rechtssichere Umstellen auf das neue Tarifrecht gelingen!

Thesen zum 3. Kapitel: Die Planungsphase

9. These: Für die Vorbereitung auf die neue Entgeltordnung ist in jedem Fall eine gut durchdachte Planungsphase notwendig. 5
10. These: Arbeitgeber sollten die Zeit nutzen, um den Ist-Zustand zu ermitteln.
11. These: Der Ist-Zustand muss kritisch mit dem Soll-Zustand verglichen werden.
12. These: Projektarbeit ist die angemessene Methode zur Einführung der neuen Entgeltordnung.
13. These: Entscheidend ist der Einzelfall. Pauschale Empfehlungen greifen zu kurz.

Thesen zum 4. Kapitel: Die Eckpunkte der neuen Entgeltordnung

14. These: Die Praxis kann an die Rechtsprechung zum BAT anknüpfen. 6
15. These: Die auszuübende Tätigkeit ist Grundlage jeder Eingruppierung.
16. These: Für Tätigkeiten ehemaliger Arbeiter wird erstmals der Rechtsbegriff »Arbeitsvorgang« eingeführt.
17. These: Für die Ermittlung der Eingruppierung sind nach wie vor Arbeitsvorgänge zu bilden.

18. These: Bei den ehemaligen Arbeitern bedeutet die erstmalige Bildung von Arbeitsvorgängen eine Herausforderung.
19. These: Die Zeit bis zum Übergang muss genutzt werden, um Stellenbeschreibungen mit korrekt gebildeten Arbeitsvorgängen und Zeitanteilen anzufertigen!
20. These: Die Tarifvertragsparteien halten am alten System der Laufbahnen fest und nennen diese nunmehr Qualifikationsebenen.

Thesen zum 5. Kapitel: Entwicklungsmöglichkeiten des neuen Eingruppierungsrechts

7 21. These: Personalwirtschaftlich sind unterschiedliche Bewertungsverfahren zur Ermittlung der Eingruppierung denkbar.
22. These: Die summarische Bewertung konzentriert sich auf eine Gesamtbetrachtung weniger arbeits- und entgeltbestimmender Merkmale.
23. These: Für Beamte bleibt die breiter angelegte analytische Bewertung maßgeblich.
24. These: Mischmodelle sind für die Praxis untauglich, weil zu aufwendig. Das von der Gewerkschaft Ver.di angedachte Mischsystem beider Verfahren dürfte keine Chance auf Verwirklichung haben, zumal es kompliziert, aufwendig und praxisfern gestaltet ist.
25. These: Arbeitgeber müssen sich über die auszuübende Tätigkeit klar sein bzw. werden.
26. These: Beispielstätigkeiten sollen die Rechtsanwendung erleichtern.
27. These: Obermerkmale sind zu beachten, wenn keine (eindeutigen) Beispielstätigkeiten bzw. Richtbeispiele existieren oder vorliegen.
28. These: Die neuen Bachelor- und Master-Studienabschlüsse bilden unterschiedliche Qualifikationsebenen ab und führen damit zu unterschiedlichen Eingruppierungen.
29. These: Das neue Eingruppierungsrecht wird sich zwischen Kontinuität und Wandel bewegen!

Thesen zum 6. Kapitel: Der Arbeitsvorgang

8 30. These: Der Arbeitsvorgang als Element der tariflichen Eingruppierung ist der alte und neue Schlüsselbegriff für die Ermittlung der Eingruppierung: Alt im Hinblick auf ehemalige Angestellte und neu für frühere Arbeiter.
31. These: Der Arbeitsvorgang bildet die Grundlage für die Eingruppierung.
32. These: Entscheidend für die Bildung von Arbeitsvorgängen ist die Verwaltungsübung und das übertragene Aufgabengebiet und damit die tatsächliche Arbeitsorganisation.
33. These: Dabei ist zu prüfen ist, ob ein fortlaufender Arbeitsablauf oder enger innerer Zusammenhang vorliegt.
34. These: Leitungsaufgaben bilden grundsätzlich einen Arbeitsvorgang.
35. These: Funktionsmerkmale bilden grundsätzlich einen Arbeitsvorgang.

36. These: Bei der Bildung von Arbeitsvorgängen muss die (jüngste) Rechtsprechung der Arbeitsgerichte beachtet werden. Beispiele sind die Entscheidungen zum ...
... Fluggastkontrolleur
... Angestellter Servicegruppe Innenstadt

37. These: Schon jetzt kann in die neue Entgeltgruppe 1 TVöD/TV-L eingruppiert werden. Die ersten Entscheidungen der Rechtsprechung liegen vor.

38. These: Die Bildung von Arbeitsvorgängen stellt (nach wie vor) eine (alte und neue) Herausforderung für die Praxis dar!

Thesen zum 7. Kapitel: Zeitanteile

39. These: Jedem Arbeitsvorgang sind Zeitanteile zuzuordnen. 9

40. These: Es existieren unterschiedliche betriebswirtschaftliche Grundlagen der Zeitermittlung.

41. These: Die Zeit des Übergangs sollte genutzt werden, um Zeitanteile zu ermitteln!

Thesen zum 8. Kapitel: Die zentrale Rolle der Stellenbeschreibung

42. These: In jedem Fall benötigt der Arbeitgeber des öffentlichen Dienstes Stellenbeschreibungen. 10

43. These: Das Tarifrecht macht für den Aufbau und den Inhalt einer Stellenbeschreibung Vorgaben, die es zu beachten gilt.

44. These: Das gilt vor allem für die tarifkonforme Sprache.

45. These: Ohne Stellenbeschreibung keine Eingruppierung!

Thesen zum 9. Kapitel: Verfahren zur Entwicklung und Aktualisierung von Stellenbeschreibungen im Überblick

46. These: Das optimale Verfahren zur Einführung von tarifkonformen Stellenbeschreibungen ist das Interview-Verfahren. 11

47. These: Als Alternative kann das Training und Coaching der Führungskräfte dienen.

48. These: Eine Kombination beider Modelle ist möglich.

Thesen zum 10. Kapitel: Qualifizierung

49. These: Die Mitarbeiter, die die Einführung der neuen Entgeltordnung vorbereiten, müssen über eine hinreichende Qualifizierung verfügen. 12

50. These: Das gilt nicht nur für die Beschäftigten der Personal- und/oder Organisationsabteilung. Ebenso müssen die zuständigen Fachvorgesetzten über ein Mindestwissen verfügen.

51. These: Die Aktivitäten müssen in ein Personal- und Organisationsentwicklungskonzept eingebunden werden und können ideal mit dem leistungsorientierten Entgelt gem. § 18 TVöD verknüpft werden!

Thesen zum 11. Kapitel: Das Stelleninterview

13 52. These: Das Stelleninterview ist die beste Methode, die notwendigen Informationen zu erfassen.
53. These: Das Stelleninterview wird in unterschiedlichen Situationen eingesetzt.
54. These: Die personalwirtschaftlichen Grundlagen sind zu beachten.
55. These: Die Vorbereitung und Durchführung der Interviews muss sorgsam geplant werden.
56. These: Der rechtliche Rahmen muss in jedem Fall beachtet werden.
57. These: Das Stelleninterview zur Eingruppierung bietet viele Vorteile!

Thesen zum 12. Kapitel: Coaching der Führungskräfte

14 58. These: Das Training und Coaching kann unter bestimmten Voraussetzungen eine sinnvolle Alternative darstellen.
59. These: Einer Qualifizierung der Führungskräfte im Vorfeld kommt die entscheidende Bedeutung zu.

Thesen zum 13. Kapitel: Die Stellenbewertungskommission

15 60. These: Die Arbeit mit der Stellenbewertungskommission bringt Vorteile.
61. These: In der Vorbereitungsphase auf die neue Entgeltordnung kann die Einführung einer Stellenbewertungskommission sinnvoll sein.
62. These: Denkbare Nachteile sollten nicht ausgeblendet werden.
63. These: Die Organisation der Stellenbewertungskommission muss durchdacht sein.
64. These: Die Arbeit des Gremiums beschleunigt die Entscheidungsfindung.

Thesen zum 14. Kapitel: Mitbestimmung der Arbeitnehmervertretung

16 65. These: Ohne die Arbeitnehmervertretung ist die Einführung der neuen Entgeltordnung nicht möglich!
66. These: Die frühzeitige Einbindung der Arbeitnehmervertretung beschleunigt das Verfahren und verringert Widerstände!
67. These: Das Bundesverwaltungsgericht räumt dem Personalrat neuerdings ein weites Mitbestimmungsrecht ein. Die Beteiligungsrechte des Betriebsrats stehen dem nicht nach.
68. These: Die Einführung der neuen Entgeltordnung wird der Mitbestimmung der Arbeitnehmervertretung unterliegen.

1.4 Fazit

Wie sich die Dienststellen und Betriebe zweckmäßig auf das neue Recht vorbereiten können, stellt dieses Buch im Folgenden dar.

2. Kapitel: ... steht die gescheite(-rte) Reform!?

2.1 Der ambitionierte Start

17 In einer großen Kraftanstrengung wurde das über 40 Jahre alte Tarifrecht des öffentlichen Dienstes grundlegend erneuert.

t	**1. These:** Die Neugestaltung des Eingruppierungsrechts im TVöD und TV-L hat sich bis zum heutigen Tage verzögert.

Manche Praktiker staunten, wie zielstrebig und grundlegend die neuen Tarifverträge für den öffentlichen Dienst eingeführt wurden. Die Reform war ambitioniert gestartet: Neben der Modernisierung und Straffung des Mantels von TVöD und TV-L sollte die leistungsorientierte Bezahlung zügig neue Impulse setzen (zum leistungsorientierten Entgelt siehe Richter/Gamisch, 2007c; vgl. Kuner 2007; Leist/Mischlewitz 2007; Litschen/Kratz/Weiß 2006). Im Interesse einer schnellen Modernisierung der Arbeitsbedingungen hatte man ein neues Eingruppierungsrecht zunächst zurückgestellt.

t	**2. These:** Vielleicht haben die letzten Tarifverhandlungen zum TVöD und TV-L einen neuen Anstoß gegeben, sich diesem Thema endlich zu stellen.

Ursprünglich sollte die neue Entgeltordnung des TVöD bis zum 31. 12. 2006 vorliegen. Das alte Recht sollte über Bord geworfen werden (vgl. Richter/Gamisch, 2009b, S. 93 m. w. N.).

t	**3. These:** Wirkliche Alternativen zum bisherigen, verpönten Eingruppierungsrecht des BAT sind bis heute nicht ersichtlich.

In diesem Zusammenhang mussten und müssen sich die alten und noch anwendbaren Eingruppierungsvorschriften durch die Literatur und Praxis viel Kritik gefallen lassen. Die Gedanken kreisen regelmäßig um ein einfaches, übersichtliches und leicht zu handhabendes Eingruppierungsrecht (siehe z. B. Steinherr, ZTR 2005, S. 303 ff.).

2.2 Die Ernüchterung

18 Nunmehr ist eine schnelle Lösung nicht in Sicht. Möglicherweise hat sich eine gewisse Ernüchterung eingestellt.

t	**4. These:** Das eröffnet eine neue Sichtweise: Die Eingruppierungsvorschriften des BAT sind nicht in jeder Beziehung untauglich für die (zukünftige) Praxis.

So stellen die Autoren Bauer und Bockholt in ihrem Standardwerk zur Eingruppierung im öffentlichen Dienst fest:

> »Auch wenn diese Absicht in vielen Bereichen durchaus von Erfolg gekrönt ist, konnte eine Vereinfachung der Eingruppierungsvorschriften noch nicht erreicht werden. Vielmehr wurde die Schaffung einer neuen, vereinfachten Entgeltordnung vertagt ...«

(Sonntag/Bauer/Bockolt 2007).

Dieser Aufschub kann der Sache dienen.

Schon fraglich ist aber die Hoffnung, die Vielzahl der Berufe und Tätigkeiten des öffentlichen Dienstes in den Strukturen einer komplexen Arbeitswelt durch »einfache« Regeln erfassen zu wollen. An dem »Prinzip der Einfachheit« sind bereits schmaler angelegte Branchen teilweise gescheitert. So besteht die Chance, aus den Fehlern des Tarifvertrages für Versorgungsbetriebe (TV-V) zu lernen. Dessen Eingruppierungsrecht erscheint an verschiedenen Stellen »zu einfach« gestaltet und wirft in der Praxis viele (neue) Rechtsfragen auf (vgl. Richter/Gamisch, 2007b). Ähnliches kann von den neuen Arbeitsvertragsrichtlinien der Diakonie bzw. der Diakonie in Bayern gesagt werden. Deren Eingruppierungssystem nach Berufsbildern ist bereits mit der Einführung der neuen Regelungen an verschiedenen Stellen veraltet (vgl. Richter/Gamisch 2008; Richter/Gamisch/Henseleit 2008).

t	**5. These:** Vieles spricht dafür, dass an bewährten Regelungen des BAT angeknüpft wird.

Die Einigung über die Grundsätze der Eingruppierung nach »auszuübender Tätigkeit«, gegliedert nach »Arbeitsvorgängen« und »Zeitanteilen« (vgl. Steinherr, ZTR 2005, S. 303 ff.), zeigt vielmehr, dass zumindest bei den Grundregeln der Eingruppierung vieles beim »Alten« bleibt.

t	**6. These:** Im Arbeiterbereich sollen grundlegende Bestimmungen des alten BAT übernommen werden.

Vielmehr noch, diese Systematik der Eingruppierung wird auch für ehemals arbeiterrentenversicherungspflichtige Tätigkeiten übernommen.

t	**7. These:** In jedem Fall gilt es, die Zeit bis zum In-Kraft-Treten der neuen Entgeltordnung sinnvoll zu nutzen.

Da über die Struktur des neuen Eingruppierungsrechts Einigkeit besteht, können sich die Dienststellen schon jetzt gezielt auf sie vorbereiten. Wie knapp die Zeit zur Einführung sein kann, haben die neuen Tarifbestimmungen für den Sozial- und Erziehungsdienst in 2009 mehr als deutlich gezeigt.

t	**8. These:** Denn nur bei einer ordentlichen Vorbereitung wird das rechtssichere Umstellen auf das neue Tarifrecht gelingen!

i	Warten wir ab, ohne uns strukturiert auf die neuen Eingruppierungsbestimmungen vorzubereiten, wird die Zeit, die uns die Tarifvertragsparteien für die Umstellung des Eingruppierungsrechts lassen werden, wohl sicher nicht ausreichen.

2.3 Fazit

Ein strukturierter Einstieg beginnt mit einer angemessenen Planungsphase...

3. Kapitel: Die Planungsphase

t **9. These:**
Für die Vorbereitung auf die neue Entgeltordnung ist in jedem Fall eine gut durchdachte Planungsphase notwendig.

3.1 Der Ist-Zustand ...

t **10. These:** 19
Arbeitgeber sollten die Zeit nutzen, um den Ist-Zustand zu ermitteln.

Die zielgerichtete Vorbereitung auf die neue Entgeltordnung bedarf einer ausgewogenen Planung. Dazu ist es zunächst erforderlich genau zu prüfen, welche der Instrumente (s. S. 1) bereits in der Dienststelle genutzt werden und in welcher Form.

Es gilt die Ist-Situation der Dienststelle genau zu erfassen und zu bewerten. Dazu sind diese Fragestellungen zu klären:

1. Arbeitet die Dienststelle mit Stellenbeschreibungen?
2. Wie sind die dazu verwendeten Formulare aufgebaut?
3. Gibt es für alle Beschäftigtengruppen (Tarifbeschäftigte und Beamte) ein einheitliches Formular oder kommen unterschiedliche Formulare zum Einsatz?
4. Wer erstellt die Stellenbeschreibungen?
5. Wer setzt diese in Kraft?
6. Wer aktualisiert die Stellenbeschreibungen?
7. Funktioniert der vorhandene Erstellungs- und Änderungsdienst bzw. welche Schwachstellen bestehen?
8. Gibt es bereits für alle Stellen der Dienststelle Stellenbeschreibungen und sind diese aktuell?
9. Mit welchen weiteren Instrumenten zur Dokumentation von Aufgaben und Befugnissen arbeitet die Dienststelle?
10. Sind diese einzelnen Instrumente aufeinander abgestimmt?
11. Für welche Führungs- und Organisationsfragen werden die Stellenbeschreibungen derzeit genutzt?

3.2 ... und der Soll-Zustand

t **11. These:** 20
Der Ist-Zustand muss kritisch mit dem Soll-Zustand verglichen werden.

Anhand der genauen Analyse und Bewertung der Ist-Situation gilt es festgestellte Schwachstellen abzubauen und ein neues bzw. geändertes System in der Dienststelle zur Beschreibung und Bewertung der Stellen der Dienststelle zu organisieren.

In Bezug auf die o. g. Fragestellungen sollte der Soll-Zustand so aussehen:

zu 1. Für jede Stelle existiert eine aktuelle Stellenbeschreibung.

zu 2. Das dabei verwendete Formular berücksichtigt die vorhandenen Vorgaben zur Bewertung der Stellen.

zu 3. Dabei sollte in der Dienststelle nur ein Stellenbeschreibungsformular existieren, dass für alle Beschäftigtengruppen (Tarifbeschäftigte und Beamte) einheitlich aufgebaut ist (Vorschlag s. S. 78 ff.).

zu 4. Die Stellenbeschreibung als Basis der Bewertung der Stelle setzt entsprechende Kenntnis der Bewertungsmethoden voraus, um zielgerichtet und bewertungskonform beschreiben zu können. Diese Kenntnisse müssen bei den zuständigen Stellen vorliegen, so dass letztlich nur zwei Beschäftigtengruppen in Frage kommen: die Personal- bzw. Organisationsabteilung als personalbewirtschaftende Stelle oder die Führungskräfte (zu den Einzelheiten siehe S. 89).

zu 5. Stellenbeschreibungen dokumentieren Aufbau- und Ablauforganisation des Arbeitgebers. Dementsprechend kann auch nur der Arbeitgeber diese in Kraft setzen (zu den Einzelheiten siehe S. 85 f.).

zu 6. Aufgrund der erforderlichen Kenntnis zum Verfassen von Stellenbeschreibungen sollte die Zuständigkeit zwischen Ersterstellung und Aktualisierungsdienst nicht wechseln. Bei der Entscheidung der Zuständigkeit muss der Arbeitgeber auch den erforderlichen Änderungsdienst mit berücksichtigen (zu den Einzelheiten siehe S. 89).

zu 7. Wenn also der vorhandene Erstellungs- und Änderungsdienst in der Dienststelle funktioniert, kann er bestehen bleiben.

zu 8. Sind bereits für alle Stellen der Dienststelle Stellenbeschreibungen vorhanden, sind diese nur auf Aktualität und Bewertungskonformität zu prüfen.

zu 9. Dabei gilt es insbesondere zu beachten, dass die Stellenbeschreibung die ausführlichste Dokumentation der Aufbau- und Ablauforganisation darstellt. Deren Aufgaben- und Kompetenzverteilung darf nicht von dem abweichen, was schon in anderen Dokumenten bestimmt wird (Organigramme, Geschäftsverteilungsplane, Dienstanweisungen, z. B. zu Unterschrifts- und Entscheidungsbefugnissen).

zu 10. Es gilt also die Instrumente untereinander inhaltlich und sprachlich ab- und anzugleichen.

zu 11. Diese Arbeit soll und muss sich für die Dienststelle lohnen. Das ist nur dann der Fall, wenn die Stellenbeschreibung flächendeckend auch als Führungs- und Organisationsmittel genutzt wird von A wie Ausschreibung bis Z wie Zeugnis.

3.3 Die Planungsgrundlagen

t	**12. These:** Projektarbeit ist die angemessene Methode zur Einführung der neuen Entgeltordnung.

21

Die erstmalige Entwicklung und Einführung von Stellenbeschreibungen in der gesamten Dienststelle kann aufgrund des bereichsübergreifenden Charakters am besten als Projekt organisiert werden.

3.3.1 Der Projektbegriff

In der Betriebswirtschaftslehre existiert kein einheitlicher Begriff des »Projekts«. Der 22
Projektbegriff wird dementsprechend unterschiedlich beschrieben. Als allgemeine Merkmale werden die Begriffe Zielvorgabe, zeitliche Befristung, Neuartigkeit, Einmaligkeit, Komplexität und spezifische Organisation genannt (vgl. Bea/Scheurer/Hesselmann 2008, S. 30 ff. m. w. N.; Kuster/Huber/Lippmann 2008, S. 4 ff.). Diese Begriffsklärungen greifen die DIN-Norm 69901 auf. Die im Jahr 2009 neu gestaltete DIN 69901 definiert ein Projekt als Vorhaben, das im Wesentlichen durch die Einmaligkeit der Bedingungen in ihrer Gesamtheit gekennzeichnet ist, wie z. B.

- Zielvorgabe
- zeitliche, finanzielle, personelle oder andere Begrenzungen
- projektspezifische Organisation

(vgl. DIN 69901–5:2009–01).

Diese Grundregeln werden in der betriebswirtschaftlichen Literatur (s. o.) aufgegriffen und um weitere Merkmale ergänzt. Zusammenfassend lassen sich daraus diese allgemeingültigen Kriterien für ein Projekt ableiten:

Kriterien eines Projektes

Ein Projekt ist

- ein konkretes Einzelvorhaben
- einmalig, mit großem Neuigkeitsgehalt für die Dienststelle
  und damit
- deutlich von den Regel-/Daueraufgaben einer Dienststelle abgrenzbar
- begrenzt hinsichtlich zeitlicher (wenige Wochen bis Jahre) und leistungsspezifischer Faktoren (Sach-, Finanzmittel und Personalressourcen)
- risikoreich (technisch, finanziell, zeitlich)
- komplex (meist interdisziplinär bzw. fachbereichsübergreifend)
  und bedarf aufgrund dieser Bedingungen einer
- eigenen projektspezifischen Organisation.

3.3.2 Die Organisation eines Projektes

23 Die Planung von Projekten beinhaltet auch die Planung einer der Aufgabenstellung angemessenen und zielorientierten Projektorganisation.

> Da Projekte gerade keine Daueraufgaben umfassen, benötigen sie eine eigene Organisation (Aufgaben- und Kompetenzverteilung), die durch die vorhandene Aufbau- und Ablauforganisation der Dienststelle nicht abgedeckt werden kann.

Die Projektorganisation soll dabei die Zusammenarbeit aller Projektbeteiligten regeln. Sie trifft eine Zuordnung von Aufgaben (Arbeitspaketen) und Personen und zeigt damit klare Zuständigkeiten und Verantwortlichkeiten auf.

> Die Integration von Projekten in die bestehende Organisation kann auf verschiedenen Wegen erfolgen.

In der Praxis werden drei unterschiedliche Organisationstypen verwendet, die sich formal und durch die Art und Weise wie sie mit der bestehenden Organisation verknüpft sind, unterscheiden:

Möglichkeiten der Projektorganisation

1. Projektkoordination
2. Reine Projektorganisation
3. Matrix-Projektorganisation

3.3.2.1 Projektkoordination

24

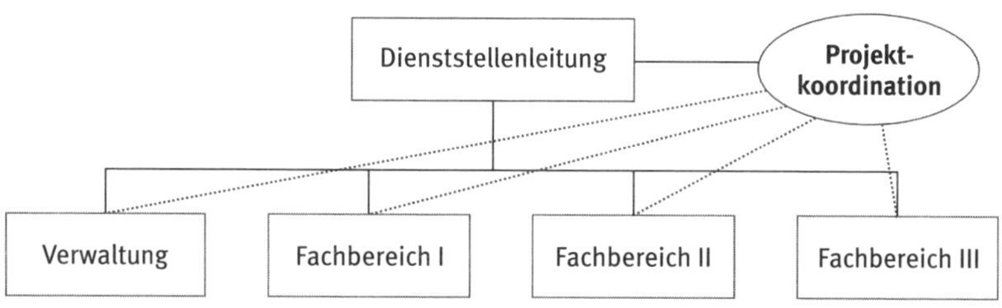

Die Projektkoordination als Form der Projektorganisation wird sehr häufig bei kleineren Projekten angewandt. Sie integriert das Projekt in die bestehende Struktur der Dienststelle und verändert damit am wenigsten die bestehende Aufbauorganisation. Lediglich eine Stabsstelle (Projektkoordination) wird hinzufügt. Der Projektkoordinator hat in dieser Organisationsform nur Beratungs- und Informationsbefugnisse. Er verfügt nicht über Entscheidungsbefugnisse gegenüber den Linieninstanzen. Vielmehr plant und überwacht er die Projektabläufe und schlägt den entsprechenden Linieninstanzen notwendige Maßnahmen vor, über deren Realisierung diese dann zu entscheiden haben. Die Verantwortung bezüglich Zeit, Personalmittel, Kosten und Erreichung des Projektziels liegt damit bei den beteiligten Linieninstanzen der Dienststelle.

3.3.2.2 Reine Projektorganisation

25

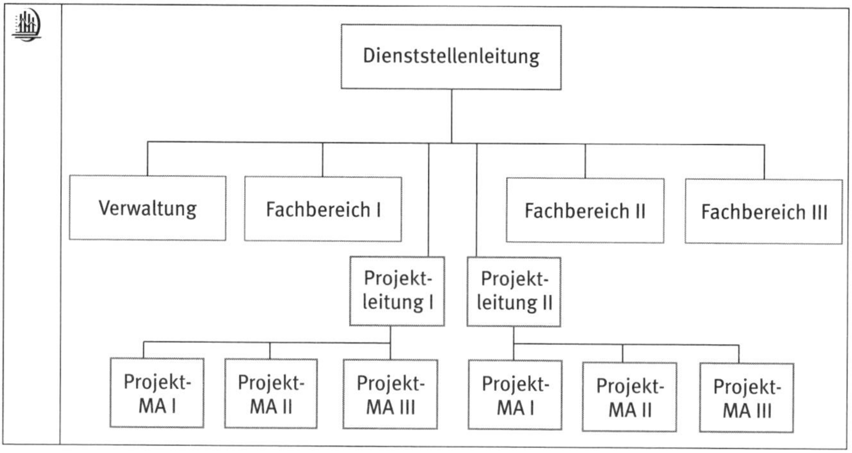

Bei diesem Organisationstyp wird für die Dauer des durchzuführenden Projektes eine eigenständige Organisationseinheit gebildet, die vom zuständigen Projektleiter geführt wird und über eigene Ressourcen, Mitarbeiter, Geschäftsräume usw. verfügt.

Der Projektleiter besitzt alle notwendigen Kompetenzen und hat die volle Kontrolle über das Projekt. Die Mitarbeiter arbeiten ausschließlich für dieses Projekt und erhalten ihre Anweisungen unmittelbar vom Projektleiter.

Die reine Projektorganisation unterscheidet sich vor allem durch ihre zeitliche Befristung von der Primärorganisation der Dienststelle. Diese Organisationsform findet vorrangig bei großen Vorhaben statt, die wenig Berührungspunkte mit den alltäglichen Aufgaben der Dienststelle haben, z. B. bei der Entwicklung einer neuen Dienstleistung.

3.3.2.3 Matrix-Projektorganisation

26

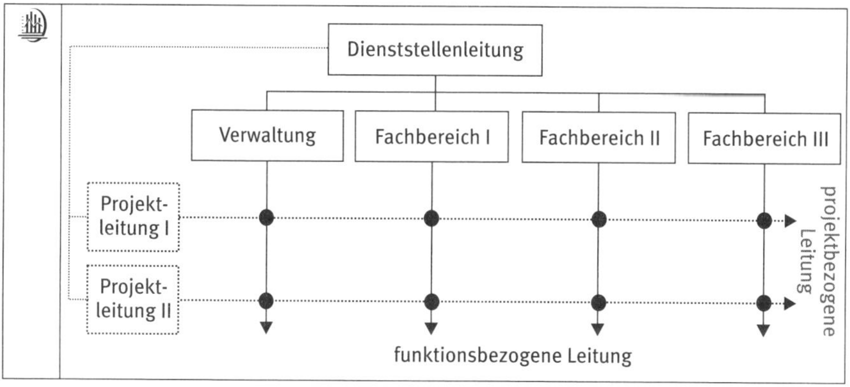

Die Matrix-Projektorganisation ist ein Mittelweg zwischen der reinen Projektorganisation und der Linienorganisation. Zugleich stellt sie durch ihre Abhängigkeiten und Gegensätze, die sich aus der hierarchischen Linienorganisation ergeben, die aufwendigste aber auch vielseitigste Organisationsform für Projekte dar. Die vertikale Organisationsstruktur wird von einer horizontal strukturierten Projektorganisation überlagert. Jeder am Projekt beteiligte Mitarbeiter wird somit zwei Leitungsstellen (Instanzen) unterstellt, dem Abteilungsleiter mit aufgabengebundenem und dem Projektleiter mit projektbezogenem Weisungsrecht.

🕮	Kuster/Huber/Lippmann 2008, S. 102 ff. Bea/Scherer/Hesselmann 2008, S. 61 ff.

3.3.3 Die Projektplanung

27 Projekte bedürfen einer systematischen, zielorientierten Planung, um das vorgegebene Ziel (Projektauftrag) effizient zu erreichen. Die Gesamtplanung eines Projektes wird in einem Projektplan fixiert. Er basiert auf einer systematischen Informationsgewinnung und daraus abgeleiteter einzelner, notwendiger Handlungsschritte und Aktivitäten.

Projektplan

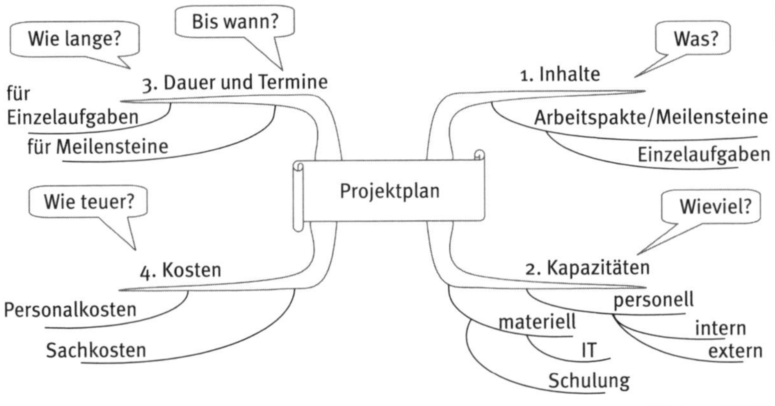

(Quelle: IPW – Institut für PersonalWirtschaft GmbH)

Mit Hilfe des Projektplanes werden zunächst die verschiedenen Aspekte des Projektauftrages strukturiert. Inhaltlich (s. 1. Inhalte) wird das zu erreichende Ziel in konkrete Aufgaben (Arbeitspakete mit Einzelaufgaben) unterteilt und wichtige Zwischenergebnisse und Schnittstellen zwischen den einzelnen Arbeitspaketen als sog. Meilensteine definiert und anschließend auf die Projektbeteiligten verteilt (s. 2. Kapazitäten). Neben dieser personellen Kapazitätsplanung gilt es zu berücksichtigen, welche materiellen Kapazitäten für das Erreichen des Projektziels erforderlich sind.

Diese Unterstützungsprozesse bestehen regelmäßig aus einer erforderlichen IT-Unterstützung des Projektes und des zu lösenden Projektauftrages und der Vermittlung des zur Lösung des Projektauftrages erforderlichen, bei den Projektbeteiligten nicht vorhandenen, Wissens (Schulung).

Aus dieser inhaltlichen Planung lassen sich die erforderliche Dauer und damit realistische Termine (s. 3. Dauer und Termine) ableiten. Diese führen abschließend in die Kostenplanung (s. 4).

Der Projektplan bildet damit die Arbeitsgrundlage für die Durchführung des gesamten Projektes. Mit der Aufstellung des Projektplanes ist aber die Planung nicht abgeschlossen. Sie muss vielmehr im Laufe des Projektes ständig überprüft und ggf. angepasst werden, da sich erfahrungsgemäß einzelne Zeitabschnitte und Arbeitsschritte detaillierter planen lassen als ein Gesamtprojekt. Eine Projektplanung lässt sich somit in eine zweistufige Planungsarbeit einteilen:

1. Projektplan = Planung des Gesamtprojektes mit dem jeweils sinnvollen Grad an Genauigkeit und Detaillierung
2. Phasenplan = detaillierte Planung der anstehenden Phase mit einer für die Durchführung ausreichenden Genauigkeit

(vgl. Litke 2007).

Der Ablauf eines Projektes gliedert sich damit in unterschiedliche Phasen:

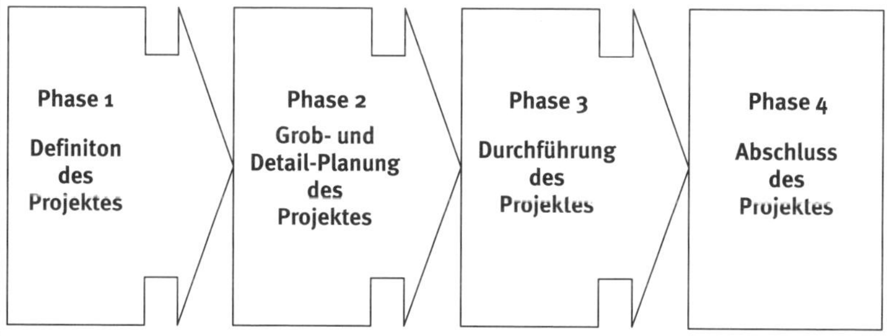

Dieser Einteilung in Phasen liegt die Notwendigkeit zu Grunde, die Entwicklung und Realisierung der einzelnen Projektbausteine so zu untergliedern, dass sie zeitlich und logisch voneinander getrennt werden können. Die gezielte Gliederung eines komplexen Vorgangs in abgrenzbare Planungs- und Umsetzungsetappen reduziert zugleich das Risiko von Fehlschlägen und erhöht die Wahrscheinlichkeit, das vorgegebene Projektziel zu erreichen.

So gilt es auch die Phase 3 (Durchführung des Projektes) strukturiert zu planen:

28 **Planung der Projektdurchführung**

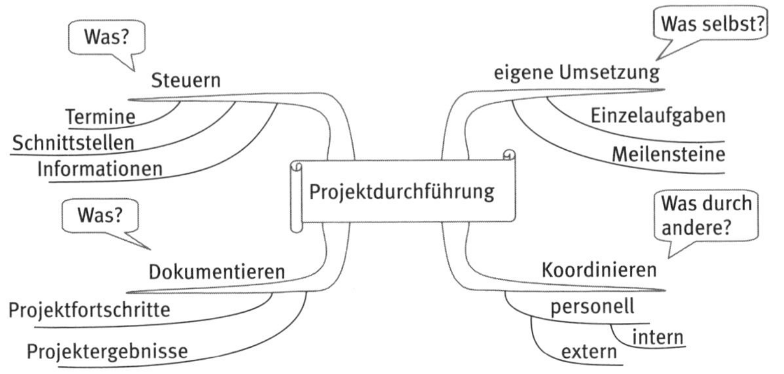

(Quelle: IPW – Institut für PersonalWirtschaft GmbH)

Gerade durch diese genaue, umfassende Planung und Konkretisierung der Arbeitsabläufe, grenzt sich ein Projekt deutlich von den Regelaufgaben innerhalb einer Dienststelle ab. Ein gewissenhaft ausgeführter Projektplan gibt daher differenziert Auskunft über

- Projektstruktur (Aufteilung in überschaubare und abgrenzbare Aufgaben)
- Projektablauf (Erkennen und koordinieren von Arbeitsabläufen)
- Terminplan (Zeitliche Einteilung der Arbeitsabläufe)
- Kapazitätenplan (Koordination aller eingesetzter Mittel)
- Kostenplan (Betriebswirtschaftliche Kontrolle der Finanzmittel).

Das 4-Phasen Modell (siehe oben) beschreibt den Lebenszyklus eines Projektes mit einem festgelegten Anfangs- und Endpunkt. Erst mit dem Erreichen des Projektziels, der Projektabnahme, ist das Projekt beendet.

3.4 Die Planung des Projektes: Vorbereitung der neuen Entgeltordnung

> **13. These:** 29
> Entscheidend ist der Einzelfall. Pauschale Empfehlungen greifen zu kurz.

3.4.1 Die Projektorganisation

Welche der Möglichkeiten der Projektorganisation 30

1. Projektkoordination
2. Reine Projektorganisation
3. Matrix-Projektorganisation

für die Vorbereitung der neuen Entgeltordnung geeignet sind, hängt von der konkreten Ist-Situation der Dienststelle ab.

> Sind bereits (tarifkonforme) Stellenbeschreibungen vorhanden, die im Rahmen des bestehenden Zuständigkeitssystems lediglich überprüft und überarbeitet werden müssen, ist die Projektkoordination die ausreichende Organisationsform.

Hier gilt es durch den Projektkoordinator die in der Dienststelle zuständigen Stellen (Personal/Organisation und die für die Erstellung und Aktualisierung der Stellenbeschreibungen zuständigen Stellen) inhaltlich und zeitlich aufeinander abzustimmen.

Fehlen hingegen Stellenbeschreibungen bzw. ist das Verfahren der Erstellung und Aktualisierung der Stellenbeschreibungen in der Dienststelle zu überarbeiten, ergibt sich ein viel größeres und grundsätzlicheres Arbeitspaket.

> In diesem Fall ist reine Projektorganisation oder Matrix-Projektorganisation sinnvoller.

Für die Matrix-Projektorganisation spricht, dass es sich bei der Vorbereitung der neuen Entgeltordnung im Wesentlichen um Aufgaben handelt (Stellenbeschreibung, Stelleninterview bzw. Coaching der Führungskräfte, Stellenbewertungskommission), die als Regelaufgaben in die Dienststellen integriert werden sollten. Dieses Vorbereiten und »Einleben« in die neue Aufgabenstellung wird durch die mit der Matrix-Organisation verbundene »Doppelfunktion« ermöglicht. Die reine Projektorganisation hingegen erleichtert erst einmal den Einstieg in die neue Aufgabenstellung, da sich die Projektbeteiligten – herausgelöst aus den Regelaufgaben – auf die neue Aufgabenstellung konzentrieren können. Gleichzeitig wird die Umstellungsphase erschwert. Ist die Ersteinführung der o. g. Instrumente abgeschlossen, werden die Projektbeteiligten in der Praxis regelmäßig zurück auf ihren Regelarbeitsplätzen mit ihren »alten« Aufgaben »überhäuft«. Für das notwendige Vertiefen und Wiederholen der neuen Aufgaben bleibt zu wenig oder keine Zeit. Das neu gewonnene Wissen geht verloren.

3.4.2 Die Projektplanung

31 Für die Planung des Projektes gilt es, sich zunächst einen inhaltlichen Überblick über den Projektauftrag »Vorbereitung der neuen Entgeltordnung« zu verschaffen. Dazu gehört zum einen, den aktuellen Entwicklungsstand zu kennen und zum anderen daraus konkrete Handlungsfelder zu definieren, die in den Projektplan zusammenfließen.

Den aktuellen Entwicklungsstand bildet das Kapitel »Die Eckpunkte der neuen Entgeltordnung« ab (s. S. 21 ff.), ergänzt um mögliche Entwicklungstendenzen im Kapitel »Entwicklungsmöglichkeiten des neuen Eingruppierungsrechts« (s. S. 27 ff.).

Die sich aus dem aktuellen Stand der Entwicklung der neuen Entgeltordnung ergebenden Handlungsfelder sind in den Kapiteln 6 bis 14 beschrieben.

3.5 Fazit

32 Die erfolgreiche Einführung der neuen Entgeltordnung wird nicht »nebenher« gelingen. Vielmehr sind eindeutige Zuständigkeiten und sichtbare Entscheidungsrechte erforderlich. Die Projektmethode ist das geeignete Mittel, diese Aufgabe erfolgreich zu lösen. Das gilt unabhängig von der Größe der Dienststelle bzw. des Betriebes.

Bea/Scherer/Hesselmann 2008, S. 61 ff.
Kuster/Huber/Lippmann 2008, S. 102 ff.
Litke 2007

4. Kapitel: Die Eckpunkte der neuen Entgeltordnung

4.1 Grundlagen

Auch wenn die neue Entgeltordnung noch auf sich warten lässt, so besteht doch über 33
deren Grundlagen Einigkeit. So soll auch künftig Basis der Eingruppierung aller Beschäftigten die »auszuübende Tätigkeit« sein, gegliedert nach »Arbeitsvorgängen« und »Zeitanteilen« (s. o.).

t	**14. These:** Die Praxis kann an die Rechtsprechung zum BAT anknüpfen.

Entgegen aller Kritik halten die Tarifvertragsparteien also an der Systematik des § 22 Bundes-Angestelltentarifvertrag (BAT) fest (vgl. Steinherr, ZTR 2005, S. 303). Grundsätzliche Änderungen seien nicht zu erwarten (vgl. Bredemeier/Neffke/Cerff 2007, §§ 12, 13 Rdnr. 4).

4.2 Auszuübende Tätigkeit und Zeitanteile

t	**15. These:** Die auszuübende Tätigkeit ist Grundlage jeder Eingruppierung.

Mit dem Festhalten an der »auszuübenden Tätigkeit«, »Zeitanteilen« und dem zentralen Begriff des »Arbeitsvorgangs« soll das System nicht nur erhalten, sondern darüber hinaus auch auf Arbeiter erweitert werden.

t	**16. These:** Für Tätigkeiten ehemaliger Arbeiter wird erstmals der Rechtsbegriff »Arbeitsvorgang« eingeführt.

Zukünftig müssen damit Arbeitsvorgänge auch für Tätigkeiten ehemaliger Arbeiter gebildet werden (vgl. Richter/Gamisch, RiA 2007, S. 145, 146).

4.3 Der Arbeitsvorgang im Überblick

4.3.1 Bundes-Angestelltentarifvertrag

34 »Der Begriff des ›Arbeitsvorgangs‹ ist ein feststehender, abstrakter, von den Tarifvertragsparteien vorgegebener Rechtsbegriff. Die Anwendung eines derart bestimmten Rechtsbegriffs durch die Tatsachengerichte ist in vollem Umfang durch das Revisionsgericht nachprüfbar ... Die Parteien können daher auch nicht unstreitig stellen, dass bestimmte Tätigkeiten einen Arbeitsvorgang im Rechtssinne bilden. ... Die Bestimmung des Arbeitsvorgangs ist als Rechtsanwendung Sache der Gerichte ...«

(siehe BAG Urteil vom 31. Juli 2002, AP Nr. 291 zu § 22 BAT 1975).

Tarifvertrag und Rechtsprechung definieren den Arbeitsvorgang wie folgt (vgl. Richter/Gamisch 2009 b S. 93 m. w. N.):

	Protokollnotiz/-erklärung Nr. 1 zu § 22 Abs. 2 BAT	**ständige Rechtsprechung des BAG** (z. B. BAG Urteil vom 6. Juni 2007, AP Nr. 308 zu § 22 BAT 1975)
	1.1 Arbeitsleistung einschließlich Zusammenhangsarbeiten	2.1 eine unter Hinzurechnung der Zusammenhangstätigkeiten
	1.2 die bezogen auf den Aufgabenkreis des Angestellten	2.2 und bei Berücksichtigung einer sinnvollen, vernünftigen Verwaltungsübung
	1.3 zu einem bei natürlicher Betrachtung	2.3 nach tatsächlichen Gesichtspunkten abgrenzbare und
		2.4 rechtlich selbständig bewertbare Arbeitseinheit
	1.4 abgrenzbaren Arbeitsergebnis führen.	2.5 der zu einem bestimmten Arbeitsergebnis führende Tätigkeit eines Angestellten.

Als Arbeitsleistung (1.1) wird jede zur Erfüllung der Arbeitspflicht verrichtete Aktivität eines Beschäftigten bezeichnet. Die Arbeitsleistung umfasst also die gesamte auszuübende Tätigkeit bzw. den Aufgabenkreis (1.2/2.5).

Die Arbeitsleistung kann untergliedert werden nach Arbeitseinheiten (2.4), Arbeitsschritten, Zusammenhangstätigkeiten (1.1/2.1) und Arbeitsergebnissen (1.4/2.5):

Zu einer nach BAG rechtlich selbständig bewertbaren Arbeitseinheit (zu 2.4) werden alle die Arbeitsleistungen zusammengefasst, die zu einem verwertbaren (Zwischen-)ergebnis führen (1.4/2.5). Die bewertungsrelevante Arbeitseinheit besteht in der Regel aus mehreren aufeinander aufbauenden Arbeitsschritten.

Der Arbeitsschritt ist dabei die kleinste, nicht mehr sinnvoll aufspaltbare Arbeitsleistung des Beschäftigten. Die Reihenfolge der Arbeitsschritte wird als Arbeitsablauf bezeichnet. Liegt ein verwertbares (Zwischen-)Arbeitsergebnis im o. g. Sinne vor, spricht man von einem Arbeitsvorgang (vgl. Krasemann 2005, 12. Kapitel, Rdnr. 62 ff.).

t	**17. These:** Für die Ermittlung der Eingruppierung sind nach wie vor Arbeitsvorgänge zu bilden.

Die Protokollnotiz des BAT nannte diese typischen Arbeitsergebnisse aus den Bereichen Verwaltung und Krankenhaus. Im Rahmen der neuen Entgeltordnung soll sie erweitert werden und künftig diesen Wortlaut aufweisen:

Protokollnotiz/-erklärung Nr. 1 zu § 22 Abs. 2 BAT	Verhandlungsstand zum TVöD (siehe Steinherr, ZTR 2005, S. 303)
1.1 unterschriftsreife Bearbeitung **eines** Aktenvorgangs, 1.2 Erstellung **eines** EKG, 1.3 Fertigung **einer** Bauzeichnung, 1.4 Eintragung in das Grundbuch, 1.5 Konstruktion **einer** Brücke oder **eines** Brückenteils, 1.6 Bearbeitung **eines** Antrags auf Wohngeld, 1.7 Festsetzung **einer** Leistung nach dem Bundessozialhilfegesetz	2.1 unterschriftsreife Bearbeitung **eines** Aktenvorgangs, **eines** Widerspruchs oder **eines** Antrags auf Wohngeld, 2.2 Betreuung oder Pflege **einer** Person oder Personengruppe, 2.3 Fertigung **einer** Bauzeichnung, 2.4 Erstellung **eines** EKG, 2.5 Durchführung **einer** Unterhaltungs- oder Instandsetzungsarbeit

Zu einem solchen Arbeitsvorgang sind insbesondere die Arbeitsschritte hinzuzurechnen, »... die aufgrund ihres engen Zusammenhangs mit bestimmten, insbesondere höherwertigen Aufgaben eines Angestellten bei der tariflichen Bewertung zwecks Vermeidung tarifwidriger Atomisierung der Arbeitseinheiten nicht abgetrennt werden dürfen ...«, sog. Zusammenhangsarbeiten (1.1/2.1) (siehe BAG Urteil vom 26. Juli 1995, AP Nr. 203 zu § 22 BAT 1975).

Dazu zählen beispielsweise:

- Aktenstudium, Schriftverkehr, Besprechungen und Telefonate im Rahmen der Bearbeitung des Aktenvorgangs
- Anfertigen und Lesen von Statistiken, als Grundlage für die Hauptarbeit
- Publikumsverkehr
- Studium von Gesetzen, sonstigen Rechtsvorschriften und gerichtlichen Entscheidungen

So wird eine »wirklichkeitsfremde Zersplitterung eines einheitlichen Arbeitsergebnisses« (siehe BAG Urteil vom 31. Juli 2002, Az.: 4 AZR 129/01) verhindert. Insbesondere ist es unerheblich, dass es theoretisch möglich wäre, die Arbeit anders zu organisieren und beispielsweise die Bearbeitung auf verschiedene Stelleninhaber zu verteilen (vgl. BAG Urteil vom 14. März 2001, Az.: 4 AZR 172/00, EzBAT §§ 22, 23 BAT A. Allgemein Nr. 80). Maßgeblich ist die vorhandene Organisation (Aufgaben- und Kompetenzverteilung) und damit der konkret zu bewertende Aufgabenkreis des Beschäftigten (1.2/2.2).

Die im Rahmen des übertragenen Aufgabenkreises zu erledigenden Arbeitseinheiten sind also dann als Arbeitsvorgänge zu klassifizieren, wenn sie zu einem abgrenzbaren Arbeitsergebnis führen, das rechtlich selbständig bewertbar (zu. 2.4) ist.

So dürfen tatsächlich trennbare Tätigkeiten mit unterschiedlicher tariflicher Wertigkeit nicht zu einem Arbeitsvorgang zusammengefasst werden (vgl. BAG Urteil vom 20. Oktober 1993, AP Nr. 172 zu § 22 BAT 1975).

Zusammenfassend ist bei der Bildung von Arbeitsvorgängen also das Arbeitsergebnis entscheidend (1.4/2.3 bis 2.5). Es muss bei »natürlicher Betrachtungsweise« (1.3/2.2) von anderen Arbeitsergebnissen abgrenzbar sein (siehe BAG Urteil vom 19. März 2003, Az.: 4 AZR 336/02, NZA 2004, S. 400 [O]; vgl. BAG Urteil vom 31. Juli 2002, Az.: 4 AZR 129/01). Danach sind bei der Bestimmung eines selbständigen Arbeitsergebnisses/Arbeitsvorgangs Geschäftsverteilung, Behördenanschauung, gesetzliche Bestimmungen, Verwaltungsvorschriften und die behördliche Übung zu berücksichtigen (vgl. BAG Urteil vom 13. Dezember 1978, AP Nr. 12 zu § 22 BAT 1975).

Krasemann 2005, 12. Kapitel Rdnr. 48 ff.
Richter/Gamisch 2009a, S. 15 ff.
Sonntag/Bauer/Bockholt, Rdnr. 81 ff.

4.3.2 Ehemalige Arbeiter

35 **18. These:**
Bei den ehemaligen Arbeitern bedeutet die erstmalige Bildung von Arbeitsvorgängen eine Herausforderung.

Neu ist, dass Arbeitsvorgänge nach der neuen Entgeltordnung auch für Tätigkeiten der ehemaligen Arbeiter zu bilden sind (s. Richter/Gamisch AuA, 2009 S. 360 ff., Richter/Gamisch 2009a, S. 41 ff.).

19. These:
Die Zeit bis zum Übergang muss genutzt werden, um Stellenbeschreibungen mit korrekt gebildeten Arbeitsvorgängen und Zeitanteilen anzufertigen!

Richter/Gamisch, RiA 2008, S. 145 ff.

4.4 Die Zeitanteile im Überblick

Zeitanteile dokumentieren die Aufteilung der Arbeitszeit auf die einzelnen Arbeitsvorgänge. Ihre Ermittlung ist dann zweckmäßig, wenn Arbeitsvorgänge und Arbeitsschritte feststehen (so auch Krasemann 2005, 12. Kapitel, Rdnr. 316). 36

!	Der zeitliche Aufwand ist für jeden Arbeitsvorgang mit Methoden zu ermitteln, wie sie bei Organisationsuntersuchungen zur Personalbedarfsermittlung eingesetzt werden.

Dazu zählen beispielsweise:

1. qualifizierte Schätzung
2. Selbstaufschreibung/Arbeitstagebuch
3. Multimomentaufnahme
4. Laufzettelverfahren (BAG Urteil vom 18. Mai 1994, AP Nr. 5 zu § 22 BAT Datenverarbeitung; zu den Einzelheiten s. a. S. 63 ff.)

	Krasemann 2005, 12. Kapitel, Rdnr. 309 ff. Richter/Gamisch, RiA 2008, S. 241 ff. Sonntag/Bauer/Bockholt, Rdnr. 146 ff.

4.5 Qualifikationsebenen

Aber nicht nur über die Grundlagen der Eingruppierung herrscht Einigkeit. Es bestehen auch erste Ansätze zum Aufbau der Entgeltordnung selbst: 37

Zunächst ist festzuhalten, dass sich die Tarifvertragsparteien des TVöD/TV-L bereits auf Eckpunkte des neuen Eingruppierungsrechts geeinigt haben. Es gibt 15 Entgeltgruppen.

t	**20. These:** Die Tarifvertragsparteien halten am alten System der Laufbahnen fest und nennen diese nunmehr Qualifikationsebenen.

Darüber hinaus wird die neue Entgeltordnung diese Qualifikationsebenen abbilden:

Entgeltgruppen	Qualifizierungsniveau	Tätigkeiten, die ...
EG 13–15	Wissenschaftlicher Hochschul-/Masterabschluss	... einen wissenschaftlichen Hochschul- bzw. Master-Abschluss voraussetzen
EG 9–12	Fachhochschul-/Bachelor-Abschluss	... einen Fachhochschul- bzw. Bachelor-Abschluss voraussetzen

Entgeltgruppen	Qualifizierungsniveau	Tätigkeiten, die ...
EG 5–8	dreijährige Ausbildung	... eine Ausbildung gem. BBiG von drei Jahren voraussetzen (erfordern)
EG 1–4	Un-/Angelernte	... keine oder eine unter dreijährige Ausbildung in einem Ausbildungsberuf gem. BBiG voraussetzen

🕮	Bremecker/Hock/Klapproth 2005, S. 74 Dassau/Langenbrinck 2006, S. 115

4.6 Fazit

38 Die neue Entgeltordnung folgt dem Prinzip der Kontinuität. Anstelle von revolutionären Neuerungen wird an das alte Recht angeknüpft. Der Praktiker kann sein Erfahrungswissen nutzen. Das schafft Sicherheit für die bevorstehende Umstellung und die zukünftige Arbeit.

5. Kapitel: Entwicklungsmöglichkeiten des neuen Eingruppierungsrechts

5.1 Bewertungsverfahren ...

t	**21. These:** 39 Personalwirtschaftlich sind unterschiedliche Bewertungsverfahren zur Ermittlung der Eingruppierung denkbar.

Für die Bewertung menschlicher Arbeitsleistung stellt die Betriebswirtschaftslehre zwei unterschiedliche Verfahren zur Verfügung: das summarische und das analytische Bewertungsverfahren.

Grundlage	Arbeitswert	
Bestimmung	nach der Schwierigkeit der Aufgabe/der an den Arbeitnehmer gestellten Arbeitsanforderungen	
Verfahren	summarisch	analytisch
qualitativ (= Bestimmung des Arbeitswertes)	Gesamteinschätzung Kriterien: ⇒ Kenntnisse (Ausbildung) ⇒ Fähigkeiten ⇒ Verantwortung	keine Gesamteinschätzung Kriterien: mehrere arbeitsbestimmende Einzelmerkmale ⇒ Können ⇒ Belastung ⇒ Verantwortung ⇒ Arbeitsbedingungen
quantitativ (= Abstufung der unterschiedlichen Schwierigkeitsgrade)	durch die Bildung von ⇒ Katalogen/ Lohngruppen	durch die Bildung von ⇒ Rangreihen ⇒ Stufenwertzahlen
Praxis	Vergütungs-/Entgeltordnungen für Arbeitnehmer	KGSt-Modell für die Bewertung von Beamtenstellen

(Quelle: IPW – Institut für PersonalWirtschaft GmbH)

einführend siehe Richter/Kaufmann, AuA 2005, S. 282 ff. vertiefend Scholz 2000, S. 735 ff.

5.1.1 Summarische Bewertung

40 t **22. These:**
Die summarische Bewertung konzentriert sich auf eine Gesamtbetrachtung weniger arbeits- und entgeltbestimmender Merkmale.

Der Sache nach wird am sog. summarischen Verfahren der Stellenbewertung grundsätzlich festgehalten (a. A. wohl in Verkennung der personalwirtschaftlichen Begrifflichkeiten Bredemeier/Neffke/Cerff 2007, §§ 12, 13 Rdnr. 24). Es besteht aus einer qualitativen Gesamteinschätzung der an den Arbeitnehmer gestellten Arbeitsanforderungen. Diese Analyse und Bewertung des Arbeitswertes des Mitarbeiters erfolgt anhand weniger, vorgegebener Bewertungsmerkmale wie Kenntnisse (Ausbildung), Fähigkeiten und Verantwortung als Maß für die Schwierigkeit einer Aufgabenstellung. Im Wege eines sog. Katalogverfahrens (Lohngruppenverfahrens) werden diese dann quantifiziert, in dem die unterschiedlichen Schwierigkeitsgrade der Arbeiten zueinander ins Verhältnis gesetzt und unterschiedlichen Entgeltgruppen zugeordnet (katalogisiert) werden.

Bremecker/Hock/Klapproth 2005, S. 74
Dassau/Langenbrinck 2006, S. 115

5.1.2 Analytische Bewertung

41 t **23. These:**
Für Beamte bleibt die breiter angelegte analytische Bewertung maßgeblich.

Im Gegensatz hierzu erfolgt beim sog. analytischen Verfahren, das bei Dienstpostenbewertungen von Beamten eingesetzt wird (vgl. Siepmann/Siepmann 2001), keine qualitative Gesamteinschätzung der übertragenen Tätigkeit. Vielmehr werden die qualitativen Anforderungen an den Arbeitsplatz durch mehrere Anforderungsmerkmale in ihren (wesentlichen) Einzelheiten beschrieben (zergliedert). Die Arbeitsschwierigkeit wird aus einer qualitativen Analyse jedes einzelnen arbeitsbestimmenden Merkmals (z. B. Können, Belastung, Verantwortung, Arbeitsbedingungen) ermittelt. Die Quantifizierung (konkrete Einstufung) der Arbeitsplätze richtet sich nach dem sog. Rangreihenverfahren oder dem Stufenwertzahlverfahren.

Im aktuellen Tarifrecht des öffentlichen Dienstes ist die Bewertung von Stellen anhand des analytischen Verfahrens nicht zulässig (vgl. BAG Urteil vom 15. Februar 1971, AP Nr. 38 zu § 22 BAT; BAG Urteil vom 14. August 1985, AP Nr. 109 zu § 22 BAT 1975; u. A. verfehlt Herzberg/Schaum 2001, Kapitel B, Abschnitt 3, Rdnr. 34).

einführend Sonntag/Bauer/Bockholt, Rdnr. 329 ff.
vertiefend Siepmann/Siepmann 2001

5.1.3 Mischmodell

Die Kombination beider Verfahren stellt ein Mischmodell dar. 42

t	**24. These:** Mischmodelle sind für die Praxis untauglich, weil zu aufwendig. Das von der Gewerkschaft Ver.di angedachte Mischsystem beider Verfahren dürfte keine Chance auf Verwirklichung haben, zumal es kompliziert, aufwendig und praxisfern gestaltet ist.

Gleichwohl ist für die Zukunft eine Ausweitung der zur Feststellung des Arbeitswerts heranzuziehenden Anforderungen nicht ausgeschlossen. Denkbar wäre die Hinzunahme von sog. Schlüsselqualifikationen (zum personalwirtschaftlichen bzw. betriebspädagogischen Begriff der Schlüsselqualifikation siehe einführend Mentzel 2008, S. 176; vertiefend Arnold 1996, S. 19 ff., S. 108 ff.) wie sozialer Kompetenz oder psychischen bzw. physischen Anforderungen, die in Ergänzung der herkömmlichen Anforderungen (Kenntnisse [Ausbildung], Fähigkeiten und Verantwortung) dann den Arbeitswert als Ganzes beschreiben und bestimmen.

📖	Fieg/Rothländer, ZTR 2008, S. 410 ff.

5.2 Auszuübende Tätigkeit

t	**25. These:** Arbeitgeber müssen sich über die auszuübende Tätigkeit klar sein bzw. werden.

43

Für die Eingruppierung ist nur die auszuübende Tätigkeit maßgeblich.

Dabei soll es auch im Rahmen der Neuregelung der Eingruppierungsgrundlagen bleiben. Der den § 22 BAT ersetzende § 12 TVöD/TV-L soll diesen Wortlaut haben:

> »(1) Die Eingruppierung des/der Beschäftigten richtet sich nach den Tätigkeitsmerkmalen der Entgeltordnung (Anlage . . .). Der/Die Beschäftigte erhält Entgelt nach der Entgeltgruppe, in der er/sie eingruppiert ist. **Die/Der Beschäftigte ist in der Entgeltgruppe eingruppiert, deren Tätigkeitsmerkmalen die gesamte von ihm/ihr nicht nur vorübergehend auszuübenden Tätigkeit entspricht.** Die gesamte auszuübende Tätigkeit entspricht den Tätigkeitsmerkmalen einer Entgeltgruppe, wenn zeitlich mindestens zur Hälfte Arbeitsvorgänge anfallen, die für sich genommen die Anforderungen eines Tätigkeitsmerkmals oder mehrerer Tätigkeitsmerkmale dieser Entgeltgruppe erfüllen.«

(siehe Steinherr, ZTR 2005, S. 303; vgl. Bredemeier/Neffke/Cerff 2007, § 12 Rdnr. 4; Hervorhebungen durch die Verfasser)

Auszuübende Tätigkeit ist die Tätigkeit, die dem Beschäftigten vom Arbeitgeber auf der Grundlage des Arbeitsvertrages und in Ausübung des Direktionsrechts übertragen worden ist.

	Diese Übertragung erfolgt regelmäßig auf Basis einer Stellenbeschreibung, ohne die nicht sachgerecht eingruppiert werden kann (vgl. Richter/Gamisch, RiA 2006, S. 252; Richter/Gamisch 2009b, S. 22).

So sind und bleiben wohl folgende Aspekte ohne Bedeutung für die Eingruppierung:

- Stellenanzeigen und Ausschreibungstexte
- Angabe der Entgeltgruppe im Arbeitsvertrag
- Beschlüsse der Dienststellenleitung
- Bewertungen von Stellenbewertungskommissionen
- Einarbeitungszeit
- Eingruppierung vergleichbarer (ausgeschiedener) Beschäftigter
- Eingruppierungsrichtlinien einer Tarifvertragspartei
- Qualität der geleisteten Arbeit
- Quantität der geleisteten Arbeit
- Schlüsselqualifikationen (z. B. Kontaktfähigkeit, Phantasie, Eigeninitiative, Verhandlungsgeschick)

(vgl. Richter/Gamisch 2009b, S. 90 m. w. N.)

Hingegen spielt das zur Aufgabenerfüllung notwendige Wissen und Können, wie es regelmäßig durch entsprechende Aus- bzw. Fortbildungen vermittelt wird, nach wie vor die zentrale Rolle. Ob dies auch bei der neuen Entgeltordnung so bleibt, müssen letztendlich die Tarifvertragsparteien entscheiden.

Dabei ist stets zu bedenken, dass bis zur Einführung der neuen Entgeltordnung mit den alten Tätigkeitsmerkmalen gearbeitet werden muss. Auch wenn die in der Übergangsphase vorgenommenen Eingruppierungen gem. § 17 Abs. 3 TVÜ-VKA/-Bund/-Länder vorläufig sind und keinen Vertrauensschutz begründen, muss das Eingruppierungsrecht beachtet werden. Die für den Umstieg vom BAT, Bundesmanteltarifvertrag für Arbeiter gemeindlicher Verwaltungen und Betriebe (BMT-G II) bzw. Manteltarifvertrag für Arbeiterinnen und Arbeiter des Bundes und der Länder (MTArb) erforderliche Übergangszeit darf nicht dazu führen, dass die Eingruppierungsvorschriften des Tarifrechts nicht oder nur eingeschränkt angewendet werden. Dazu bedarf es tarifkonformer Stellenbeschreibungen.

Sie sind auch notwendig, wenn die auszuübende Tätigkeit als Beispieltätigkeit ausdrücklich in der Entgeltordnung benannt wird.

	Richter/Gamisch, RiA 2006, S. 245 ff. Richter/Gamisch 2009b, passim, insbesondere S. 22

5.3 Beispielstätigkeiten und Richtbeispiele

t	**26. These:** Beispielstätigkeiten sollen die Rechtsanwendung erleichtern.

44

Tätigkeitsbeispiele (Beispieltätigkeiten bzw. Richtbeispiele) konkretisieren die bewusst abstrakt gehaltenen Obermerkmale einer Entgeltordnung. Damit erfüllen sie zwei Funktionen.

Zum einen verdeutlichen sie die abstrakten Obermerkmale und machen sie so verständlicher:

> »... die Tarifvertragsparteien haben mit den Beispielen Maß und Richtung für die Auslegung des allgemeinen Begriffs vorgegeben. Bei der Auslegung von unbestimmten Rechtsbegriffen ... sind die Tätigkeitsbeispiele daher als Richtlinie für die Bewertung mit zu berücksichtigen ...«

(BAG Urteil vom 18. November 2004, AP Nr. 88 zu § 1 TVG Tarifverträge Einzelhandel)

Zum anderen erleichtern sie die Anwendung:

> »... sind die allgemeinen Merkmale einer Vergütungsgruppe grundsätzlich erfüllt, wenn der Arbeitnehmer eine Tätigkeit ausübt, die als Regel-, Richt- oder Tätigkeitsbeispiel zu dieser Vergütungsgruppe genannt ist ...«

(BAG Urteil vom 8. März 2006, Az.: 10 AZR 538/05).

	Sofern eine Beispielstätigkeit zu 50 % der Arbeitszeit auszuüben ist, muss nicht mehr unter die abstrakten Obermerkmale subsumiert werden (vgl. BAG Urteil vom 29. Oktober 1980, AP Nr. 41; BAG Urteil vom 14. Mai 1986, AP Nr. 119 beide zu § 22 BAT 1975; BAG Urteil vom 17. Januar 1996, AP Nr. 4 zu § 22 BAT Sparkassenangestellte; BAG Urteil vom 13. November 1996, Az.: 4 AZR 747/94; BAG Urteil vom 21. August 2002, AP Nr. 1 zu § 1 TVG Tarifverträge Krankenkassen).

Die Beispieltätigkeiten bzw. Richtbeispiele haben grundsätzlich Vorrang: Sie sind zunächst zu prüfen, weil mit der Bezeichnung der Tätigkeit in dem Beispielskatalog zum Ausdruck kommt, dass die Voraussetzungen der Entgeltgruppe erfüllt werden.

t	**27. These:** Obermerkmale sind zu beachten, wenn keine (eindeutigen) Beispieltätigkeiten bzw. Richtbeispiele existieren oder vorliegen.

Auf die Obermerkmale muss zurückgegriffen werden, wenn die Beispiele ihrerseits unbestimmte Rechtsbegriffe enthalten, die nicht aus sich selbst heraus ausgelegt werden können, oder wenn dasselbe Beispiel in mehreren Entgeltgruppen auftaucht und damit als Kriterium für eine bestimmte Entgeltgruppe ausscheidet (vgl. BAG Urteil vom 8. März 2006, Az.: 10 AZR 538/05).

5.4 Oberbegriffe

Oberbegriffe finden sind eingangs jeder Vergütungs- bzw. Lohngruppe. Dabei handelt es sich um abstrakt gehaltene Tätigkeitsmerkmale, die die Anforderungen der jeweiligen Vergütungs- bzw. Lohngruppe allgemein umschreiben.

Beispiele:

- einfache Tätigkeiten
- gründliche Fachkenntnisse
- abgeschlossene Berufsausbildung
- gründliche und vielseitige Fachkenntnisse
- gründliche, umfassende Fachkenntnisse
- abgeschlossene wissenschaftliche Hochschulausbildung usw.

5.5 Die neuen Bachelor- und Master-Studienabschlüsse

45 *t* **28. These:**
Die neuen Bachelor- und Master-Studienabschlüsse bilden unterschiedliche Qualifikationsebenen ab und führen damit zu unterschiedlichen Eingruppierungen.

Der in 1999 eingeleitete Bologna-Prozess zur Einführung der Bachelor- und Masterstudiengänge dient(e) der Internationalisierung der deutschen Hochschullandschaft im europäischen Kontext. So einigten sich am 19.06.1999 29 europäische Staaten, darunter Deutschland, mit der Bologna-Erklärung auf einen rechtlich unverbindlichen Rahmen zur Schaffung eines europäischen Hochschulraumes bis 2010. Ein Eckpfeiler ist die Einführung eines europaweit vergleichbaren zweistufigen Studiensystems in Anlehnung an das angloamerikanische System mit Bachelor und Master.

Diese rechtlich unverbindliche Absichtserklärung wurde mit § 19 HRG in nationales Recht umgewandelt. Neben dem traditionell einstufigen Studiensystem (§ 18 HRG) wurde mit § 19 HRG die Möglichkeit eröffnet, auch das zweistufige Studiensystem mit Bachelor und Master an deutschen Hochschulen einzuführen. Aus hochschulrechtlicher Sicht gehört(e) das zweistufige Studiensystem mit Bachelor und Master lange (noch) nicht zum Standard (vgl. Reich 2007, § 19 Rdnr. 1).

Mittlerweile spricht die Praxis aber eine andere Sprache: So bieten die deutschen Hochschulen zum Sommersemester 2009 9.510 Bachelor- und Masterstudiengänge an; das sind 76% aller angebotenen Studiengänge. Bei den Fachhochschulen liegt der Anteil von Bachelor- und Masterstudiengängen bei 95% der insgesamt angebotenen Studiengänge. Bei den noch nicht umgestellten Studiengängen handelt es sich mit 82% der Studiengänge weit überwiegend um staatliche und kirchliche Abschlüsse (vgl. HRK 2009, S. 5 ff.).

!	Damit ist das zweistufige System von Bachelor und Master längst zum Standard an deutschen Hochschulen geworden. Es existiert also nicht neben dem einstufigen System gemäß § 18 HRG, sondern ersetzt dieses faktisch.

📖	Richter/Gamisch, RiA 2009, S. 360 ff.

5.5.1 Der Bachelor (BA)

Mit dem Bachelorstudium wird ein erster berufsqualifizierender Abschluss erworben. 46
Im neuen zweistufigen System von Bachelor und Master stellt er damit den Regelabschluss dar (vgl. Ländergemeinsame Strukturvorgaben gem. § 9 Abs. 2 HRG für die Akkreditierung von Bachelor- und Masterstudiengängen, Beschluss der KMK vom 10. Oktober 2003 i. d. F. v. 22. September 2005, S. 3.).

Das Bachelorstudium vermittelt im Rahmen der Regelstudienzeit von mindestens drei und höchstens vier Jahren wissenschaftliche Grundlagen, Methodenkompetenz und berufsfeldbezogene Qualifikationen. Diese Kenntnisse und Fähigkeiten sollen einen direkten Start ins Berufsleben ermöglichen. Damit dies gelingt, sind die BA-Studiengänge stärker strukturiert als die alten Diplom-Studiengänge mit modularem Aufbau, Credit-Points und studienbegleitenden Prüfungsleistungen.

Die Studieninhalte sind in Form von Modulen strukturiert. Jedes Modul fasst inhaltlich zusammengehörige Lerninhalte in eine in sich abgeschlossene Lerneinheit zusammen. Deshalb muss ein solches Modul regelmäßig innerhalb eines Semesters bzw. eines Jahres abgeschlossen werden können. Ausnahmen sind nur in begründeten Fällen möglich (vgl. Beschluss der KMK vom 10. Oktober 2003 i. d. F. vom 22. September 2005, S. 10, www.kmk.org.).

Das Credit-Point-System ersetzt die Scheine für absolvierte Lehrveranstaltungen und gesonderte Zwischen- und Abschlussprüfungen. Die jeweils vermittelten Inhalte werden direkt nach Abschluss der Lehrveranstaltung in Klausuren geprüft (sog. studienbegleitende Prüfungsleistungen) und mit der erreichten Anzahl von Credit-Points auf dem Credit-Point-Konto des Studenten vermerkt. Nicht bestandene Klausuren werden dementsprechend mit Minuspunkten belegt, von denen eine bestimmte Höchstzahl nicht überschritten werden darf. Die vergebenen Punkte ersetzen nicht die Bewertung an sich, sie symbolisieren vielmehr die erbrachten Studienleistungen je Lehrveranstaltung/Modul (vgl. Bretschneider/Pasternack 2005, S. 365).

Im Unterschied zum alten Hochschulrecht verleihen sowohl Fachhochschulen als auch (Technische) Universitäten diesen Grad. Der bisherige Zusatz »(FH)« entfällt.

📖	Richter/Gamisch, RiA 2009, S. 360 ff.

5.5.2 Der Master (MA)

47 Das Masterstudium setzt einen ersten berufsqualifizierenden Hochschulabschluss (z. B. Bachelor) voraus. Konkret handelt es sich um einen »weiteren« berufsqualifizierenden Abschluss, der auf einem Bachelorgrad, einem Fachhochschul-Diplom oder einem Staatsexamen aufbaut. Damit ist das Masterstudium dem Weiterbildungsbereich zuzurechnen (vgl. Reich 2007, § 19 Rdnr. 4 m. w. N.; Ländergemeinsame Strukturvorgaben gem. § 9 Abs. 2 HRG für die Akkreditierung von Bachelor- und Masterstudiengängen, Beschluss der KMK vom 10. Oktober 2003 i. d. F. v. 22. September 2005, S. 4 f.).

Es führt nach einer Regelstudienzeit von mindestens einem und höchstens zwei Jahren zum Mastergrad. Der Master kann in seinem Profil und entsprechend der Institution, in der er erlangt wird »stärker forschungsorientiert« (an wissenschaftlichen Hochschulen) oder »stärker anwendungsorientiert« (an Fachhochschulen) ausgerichtet werden.

> Gleich auf welchem Weg der Mastergrad erlangt wird, nach Maßgabe der Kultusministerkonferenz (KMK) soll er ein gleiches Qualifikationsniveau abbilden und damit zu den gleichen Berechtigungen (Zugang zum höheren Dienst, Zugang zur Promotion) führen.

Dabei unterscheidet die KMK zwischen konsekutiven, nicht konsekutiven und weiterbildenden Masterstudiengängen:

Bei konsekutiven Studiengängen baut das Masterstudium inhaltlich auf dem Bachelorstudium auf. Ein entsprechend abgestimmtes Gesamtkonzept sichert den fachlichen Zusammenhang zwischen dem Bachelor- und dem Masterstudium. Dabei kann der Masterstudiengang den vorausgehenden Bachelorstudiengang entweder fachlich fortführen und vertiefen oder fachübergreifend erweitern. Dabei darf die Regelstudienzeit für das konsekutive Bachelor- und Masterstudium insgesamt fünf Jahre nicht überschreiten (vgl. § 19 Abs. 4 HRG). Betrug die Regelstudienzeit für den Bachelorgrad also drei Jahre, kann der Master nach zwei Jahren Regelstudienzeit erlangt werden; betrug die Regelstudienzeit für den Bachelorgrad hingegen vier Jahre, darf die Regelstudienzeit für den Master ein Jahr nicht überschreiten.

Im Gegensatz dazu bauen die nicht-konsekutiven sowie die weiterbildenden Masterstudiengänge nicht auf einem vorausgehenden Bachelorstudiengang auf. Weiterbildende Masterstudiengänge setzen nach dem Bachelorabschluss darüber hinaus regelmäßig eine berufliche Tätigkeit von mindestens einem Jahr voraus. Die dabei gewonnenen Erfahrungen sind entsprechend im Studienangebot zu berücksichtigen.

Die Masterabschlüsse sollen in ihrem wissenschaftlichen und fachlichen Niveau mindestens den alten Diplomabschlüssen an wissenschaftlichen Hochschulen entsprechen (vgl. Beschluss der KMK vom 10. Oktober 2003 i. d. F. vom 22. September 2005, S. 5 ff., www.kmk.org.).

> **29. These:**
> Das neue Eingruppierungsrecht wird sich zwischen Kontinuität und Wandel bewegen!

Diese Entwicklungen spiegeln sich auch im Verhandlungsstand zur neuen Entgeltordnung wider:

Entgeltgruppen	**Qualifizierungsniveau**	**Tätigkeiten, die ...**
EG 13–15	Wissenschaftlicher Hochschul-/ Masterabschluss	... einen wissenschaftlichen Hochschul- bzw. Master-Abschluss voraussetzen
EG 9–12	Fachhochschul-/Bachelor-Abschluss	... einen Fachhochschul- bzw. Bachelor-Abschluss voraussetzen

(vgl. Bremecker/Hock/Klapproth 2005, S. 74; Dassau/Langenbrinck 2006, S. 115)

Die neue Entgeltordnung wird Fehler vermeiden, wie sie bei der Reform der Arbeitsvertragsrichtlinien im Diakonischen Werk aufgetreten sind, die das neue Hochschulsystem nur unzureichend berücksichtigt haben (s. Richter/Gamisch, 2008; Richter/Gamisch/Henseleit 2008).

🕮	Richter/Gamisch, RiA 2009, S. 360 ff.

5.6 Und wenn doch alles anders wird?

5.6.1 Ein mögliches Bewertungsmodell aus Sicht der Gewerkschaften

Wie ein Mischmodell von summarischer und analytischer Bewertung aussehen kann, haben Vertreter von ver.di vorgestellt: 48

Die neue EGO – ver.di-Modell

Eingruppierungssystem bestehend aus

Grundmerkmalen	Kenntnisse und Fertigkeiten
5 Zusatzmerkmalen	⇨ selbständige Leistungen ⇨ Verantwortung ⇨ Schwierigkeit ⇨ soziale Kompetenz ⇨ psychische und physische Anforderungen mit eigenen umfassenden Definitionen
weiteres Eingruppierungselement	für Vorgesetztenfunktionen aller Art „Zulage" von 300,00 Euro

Nach diesen Vorstellungen soll das Eingruppierungssystem aus drei Elementen bestehen:

1. Grundmerkmalen
2. Zusatzmerkmalen
3. Zulage für Vorgesetztenfunktionen (s. o.).

Dabei ist für jede Eingruppierung zunächst ein Grundmerkmal zu erfüllen. Diese Grundmerkmale fordern bestimmte Kenntnisse und Fähigkeiten und führen zu einer entsprechenden Grundeingruppierung. Hier bliebe es also bei der summarischen Betrachtung.

Eine höhere Eingruppierung kann der Beschäftigte dann bei Erfüllung der sog. Zusatzmerkmale erreichen. Dabei soll die Erfüllung eines Zusatzmerkmals zu einer Entgeltgruppe mehr führen, die Erfüllung von zwei Zusatzmerkmalen zu zwei Entgeltgruppen mehr usw. Der Beschäftigte kann damit – bei Erfüllung aller fünf Zusatzmerkmale ein um fünf Entgeltgruppen höheres Entgelt erreichen als nur bei Erfüllung des Grundmerkmals.

Aus inhaltlicher Sicht sollen die fünf Zusatzmerkmale eine eigene umfassende Definition erfahren, um die Anwendung in der Praxis zu erleichtern. Aus zeitlicher Sicht müssen diese Zusatzmerkmale zu 25% der Gesamtarbeitszeit erfüllt werden. Diese Ausweitung der Eingruppierungskriterien für jede Stelle und für fast jede Entgeltgruppe, weg von einer festen Katalogisierung der Merkmale in bestimmten Entgeltgruppen, spiegelt den Ansatz der analytischen Bewertung wider.

Sollte ein solches Mischmodell tatsächlich Einzug in die neue Entgeltordnung halten, ist zu beachten, dass wesentliche Anforderungselemente trotz allem erhalten bleiben.

	Für die Bewertung nach einem solchen Modell sind grundsätzlich die gleichen Informationen zur Stelle erforderlich wie bisher.

Die Eingruppierung nach den Grundanforderungen kann nur gelingen, wenn die Stellenbeschreibungen Auskunft zu den erforderlichen Kenntnissen geben. Ebenso knüpft das Zusatzmerkmal »Schwierigkeit« an fachliche Anforderungen an. Demgegenüber spiegeln die Zusatzmerkmale »selbständige Leistungen« und »Verantwortung« unterschiedliche Stufen fachlicher, personeller und/oder organisatorischer Entscheidungsrechte wider.

Letztlich sind lediglich für die nicht mit Fach- und Entscheidungskompetenzen verbundenen Merkmale wie physische und psychische Anforderungen sowie soziale Kompetenzen zusätzliche Informationen erforderlich.

	Die Erstellung bzw. Überarbeitung von Stellenbeschreibungen nach fach- und entscheidungsbezogenen Kriterien ist also unabhängig von der konkreten Ausgestaltung der neuen Entgeltordnung sinnvoll.

	Fieg/Rothländer, ZTR 2008, S. 410 ff.

5.6.2 Mögliche Änderungen am Bewertungssystem aus Sicht der Arbeitgeber

So wie die Arbeitnehmervertreter an eine Ausweitung der Bewertungsmerkmale denken, liegt der Focus der Arbeitgeber-Vertreter eher auf Vereinfachungsgesichtspunkten. 49

Hinsichtlich der Grundregeln zur Eingruppierung gem. § 22 BAT wird nach wie vor diskutiert, ob die Möglichkeit der zusammenfassenden Betrachtung erhalten bleiben soll oder einem einfacheren System weichen muss.

	Bisher ermöglicht das Instrument der zusammenfassenden Betrachtung gem. § 22 Abs. 2 Unterabs. 2 Satz 2 BAT die Berücksichtigung eines bestimmten Qualifizierungsniveaus das sich daraus ergibt, dass ein Beschäftigter nebeneinander mehrere unterschiedliche Aufgaben zu erledigen hat.

Ergibt sich aus dieser gemeinsamen Betrachtung des Einsatzgebietes insgesamt – im Vergleich zu den einzelnen Arbeitsvorgängen – höhere Anforderung, kommt diese dem Beschäftigten durch eine entsprechend höhere Eingruppierung auch zu Gute.

Die Bewertung erfolgt in zwei Schritten:

1. Bewertung jedes einzelnen Arbeitsvorgangs
Beispiel:

Arbeitsvorgang	Zeitanteil	tarifliche Wertigkeit (fiktiv)
1.	20%	gründliche Fachkenntnisse
2.	20%	gründliche Fachkenntnisse
3.	20%	gründliche Fachkenntnisse
4.	40%	gründliche Fachkenntnisse

2. Zusammenfassende Betrachtung der Aufgaben und Kenntnisse und erneute Prüfung der Erfüllung der nächsthöheren Tätigkeitsmerkmale (soweit für die zusammenfassende Betrachtung zugelassen, s. u.!)
Beispiel:

Arbeitsvorgang	Zeitanteil	tarifliche Wertigkeit (fiktiv)
1.	20%	gründliche Fachkenntnisse
2.	20%	gründliche Fachkenntnisse
3.	20%	gründliche Fachkenntnisse
4.	40%	gründliche Fachkenntnisse
Gesamtbewertung		**gründliche und vielseitige Fachkenntnisse**

Also prüfen aller vier Arbeitsvorgänge, ob ggf. das auf den gründlichen Fachkenntnissen aufbauende Tarifmerkmal der gründlichen und vielseitigen Fachkenntnisse erfüllt ist.

Diese zusammenfassende Beurteilung ist nach der Rechtsprechung bei diesen Tätigkeitsmerkmalen zulässig:

- gründliche Fachkenntnisse
- gründliche und vielseitige Fachkenntnisse
- gründliche, umfassende Fachkenntnisse
- Maß der Verantwortung
- akademischer Zuschnitt

(vgl. Hofmann 2009, Z 200)

Sie ist hingegen nicht erlaubt bei den Tätigkeitsmerkmalen »selbständige Leistung« und »besondere Schwierigkeit« (vgl. Hofmann 2009, Z 200).

Dieses System der zusammenfassenden Betrachtung wurde im bereits reformierten Tarifwerk für die Versorgungswirtschaft (TV-V) abgeschafft (s. Richter/Gamisch 2007b).

Stattdessen regelt der TV-V in § 5 Abs. 1 Satz 3 TV-V:

> »Erreicht keine der vom Arbeitnehmer auszuübenden Tätigkeiten das in Satz 1 oder 2 geforderte Maß, werden höherwertige Tätigkeiten zu der jeweils nächstniedrigeren Tätigkeit hinzugerechnet.«

Beispiel:

Tätigkeit	Zeitanteil	tarifliche Wertigkeit
1.	20%	E 8
2.	20%	E 7
3.	20%	E 6
4.	40%	E 5
Gesamtbewertung		**E 6**

Über eine solche Regelung denken auch die Arbeitgeber-Vertreter im Rahmen der Entwicklung der neuen Entgeltordnung nach.

> Ein derartiges Modell würde das strenge Eingruppierungsrecht weiter verschärfen, wenn gleichzeitig am Arbeitsvorgang festgehalten würde.

Da dann – anders als im TV-V aber auch im Tarifrecht der Arbeiter – der Arbeitsvorgang alleinige Bewertungseinheit bleibt.

Die Tarifverträge der Arbeiter und der TV-V setzen im Gegenzug auf die »Tätigkeit« als Gliederungselement auszuübender Tätigkeiten. Diese Eingruppierungssystematik kannte der BAT bis 1975 – vor Einführung des Arbeitsvorgangs.

Der Begriff Tätigkeit umschreibt »typische Aufgaben«, die tariflich einer bestimmten Entgeltgruppe zugeordnet werden können. Übt der Beschäftigte mehrere Tätigkeiten gleichzeitig aus, die in verschiedene Entgeltgruppen fallen, erfolgt die Eingruppierung entsprechend der zeitlich zur Hälfte anfallenden Tätigkeit (vgl. BAG Urteil vom 18. November 2004, AP Nr. 88 zu § 1 TVG Tarifverträge Einzelhandel).

> Es kann also eine einheitlich zu bewertende **Gesamttätigkeit** oder es können mehrere jeweils eine **Einheit bildende Teiltätigkeiten** vorliegen.

Für diese Unterscheidung gelten vergleichbare Kriterien wie für die Bildung von Arbeitsvorgängen (zur Bildung von Arbeitsvorgängen s. a. S. 41 ff.), nur die Maßstäbe sind weniger streng (vgl. BAG Urteil vom 15. Februar 2006, Az.: 4 AZR 634/04). Die Bildung von Arbeitsvorgängen führt also regelmäßig zu kleinteiligeren Bewertungseinheiten und damit zu schlechteren Bewertungsergebnissen wenn die Möglichkeit der zusammenfassenden Betrachtung entfällt.

5.7 Fazit

Das summarische Bewertungsverfahren wird wohl das Maß der Dinge bleiben. Nach **50**
wie vor ist es unerlässlich, die Bewertung der Dienstposten von Beamten von der Eingruppierung der Tarifbeschäftigten zu unterscheiden. Die Tücke wird im Detail liegen. Angedachte Veränderungen höhlen das System eher aus und verschlechtern es damit. So kann das Abwenden vom Prinzip der Gesamtbetrachtung zukünftige Bewertungser-

gebnisse maßgeblich beeinflussen. Diese Überlegungen sollten den Praktiker nicht davon abhalten, schon jetzt mit der bewertungskonformen Erfassung auszuübender Tätigkeit zu beginnen. Die Einarbeitung möglicher Änderungen im Bewertungssystem sind schneller und leichter umzusetzen.

6. Kapitel: Der Arbeitsvorgang

6.1 Der Arbeitsvorgang als Element der tariflichen Eingruppierung

> **30. These:** 51
> Der Arbeitsvorgang als Element der tariflichen Eingruppierung ist der alte und neue Schlüsselbegriff für die Ermittlung der Eingruppierung: Alt im Hinblick auf ehemalige Angestellte und neu für frühere Arbeiter.

Der Arbeitsvorgang ist seit 1975 mit nunmehr über 30 Jahren fester Bestandteil des Eingruppierungsrechts im öffentlichen Dienst.

> Trotzdem zählt seine rechtskonforme Bildung nach wie vor zur ersten großen Hürde, die es bei der Feststellung der tariflichen Eingruppierung zu nehmen gilt.

Und doch wurde vielen, die ihn zum 30. Jahrestag gern aus den Tarifwerken des öffentlichen Dienstes verabschiedet hätten, durch die Tarifvertragsparteien eine Absage erteilt. Die neuen Tarifverträge (TVöD/TV-L) werden die Stellung des Arbeitsvorgangs als wesentliches Element der Eingruppierung stärken und ausweiten. Denn zukünftig wird er auch bei der Eingruppierung der ehemaligen Arbeitertätigkeiten als Bewertungseinheit Einzug halten (s. o.).

Die Neuregelungen zur Eingruppierung sind noch nicht verabschiedet. So finden gem. § 17 Abs. 1 TVÜ/TVÜ-Länder die Bestimmungen der §§ 22, 23 (25 mit Anlage 3) BAT/BAT-O einschließlich der Vergütungsordnung (Anlagen 1 a und 1b) weiterhin Anwendung.

Die Grundlagen der Eingruppierung definieren die Tarifvertragsparteien in § 22 BAT:

> »(1) Die Eingruppierung der Angestellten richtet sich nach den Tätigkeitsmerkmalen der Vergütungsordnung (Anlage 1 a und 1b). Der Angestellte erhält Vergütung nach der Vergütungsgruppe, in der er eingruppiert ist.
>
> (2) Der Angestellte ist in der Vergütungsgruppe eingruppiert, deren Tätigkeitsmerkmalen die gesamte von ihm nicht nur vorübergehend auszuübende Tätigkeit entspricht.
>
> **Die gesamte auszuübende Tätigkeit entspricht den Tätigkeitsmerkmalen einer Vergütungsgruppe, wenn zeitlich mindestens die Hälfte Arbeitsvorgänge anfallen, die für sich genommen die Anforderungen eines Tätigkeitsmerkmals oder mehrerer Tätigkeitsmerkmale dieser Vergütungsgruppe erfüllen. Kann die Erfüllung einer Anforderung in der Regel erst bei der Betrachtung mehrerer Arbeitsvorgänge festgestellt werden (z. B. vielseitige Fachkenntnisse), sind diese Arbeitsvorgänge für die Feststellung, ob diese Anforderung erfüllt ist, insoweit zusammen zu beurteilen.**

Werden in einem Tätigkeitsmerkmal mehrere Anforderungen gestellt, gilt das in Unterabsatz 2 Satz 1 bestimmte Maß, ebenfalls bezogen auf die gesamte auszuübende Tätigkeit für jede Anforderung.

Ist in einem Tätigkeitsmerkmal ein von Unterabsatz 2 oder 3 abweichendes zeitliches Maß bestimmt, gilt dieses. ...«

(Hervorhebung durch die Verfasser)

Was dabei unter dem Begriff »Arbeitsvorgang« zu verstehen ist, erläutern die Tarifvertragsparteien in Protokollnotiz/-erklärung Nr. 1 zu § 22 Abs. 2 BAT wie folgt:

»Arbeitsvorgänge sind Arbeitsleistungen (einschließlich Zusammenhangsarbeiten), die, bezogen auf den Aufgabenkreis des Angestellten, zu einem bei natürlicher Betrachtung abgrenzbaren Arbeitsergebnis führen (z. B. unterschriftsreife Bearbeitung **eines** Aktenvorgangs, Erstellung **eines** EKG, Fertigung **einer** Bauzeichnung, Eintragung in das Grundbuch, Konstruktion **einer** Brücke oder **eines** Brückenteils, Bearbeitung **eines** Antrags auf Wohngeld, Festsetzung **einer** Leistung nach dem Bundessozialhilfegesetz). Jeder einzelne Arbeitsvorgang ist als solcher zu bewerten und darf dabei hinsichtlich der Anforderungen zeitlich nicht aufgespalten werden.«

(Hervorhebungen durch die Verfasser)

Nach dem aktuellen Stand der Tarifverhandlungen sollen die Regelungen des § 22 BAT materiell rechtlich weitgehend unverändert mit der folgenden Formulierung in die neuen Tarifwerke des öffentlichen Dienstes (TVöD/TV-L) übernommen werden:

»(1) Die Eingruppierung des/der Beschäftigten richtet sich nach den Tätigkeitsmerkmalen der Entgeltordnung (Anlage ...). Der/Die Beschäftigte erhält Entgelt nach der Entgeltgruppe, in der er/sie eingruppiert ist. Die/Der Beschäftigte ist in der Entgeltgruppe eingruppiert, deren Tätigkeitsmerkmalen die gesamte von ihm/ihr nicht nur vorübergehend auszuübenden Tätigkeit entspricht. **Die gesamte auszuübende Tätigkeit entspricht den Tätigkeitsmerkmalen einer Entgeltgruppe, wenn zeitlich mindestens zur Hälfte Arbeitsvorgänge anfallen, die für sich genommen die Anforderungen eines Tätigkeitsmerkmals oder mehrerer Tätigkeitsmerkmale dieser Entgeltgruppe erfüllen.**«

(siehe Steinherr, ZTR 2005, S. 303; vgl. Bredemeier/Neffke/Cerff 2007, § 12 Rdnr. 4)

Es ist beabsichtigt, die Definition des Begriffs Arbeitsvorgang gem. Protokollnotiz/-erklärung Nr. 1 zu § 22 Abs. 2 BAT ohne Änderungen in die neuen Eingruppierungsregeln zu übernehmen (vgl. Steinherr, ZTR 2005, S. 303).

Nur der Klammersatz der Protokollnotiz/-erklärung Nr. 1 zu § 22 Abs. 2 BAT soll geändert werden:

	Protokollnotiz/-erklärung Nr. 1 zu § 22 Abs. 2 BAT	**Verhandlungsstand zum TVöD** (vgl. Steinherr, ZTR 2005, S. 303)
	1.1 unterschriftsreife Bearbeitung **eines** Aktenvorgangs, 1.2 Erstellung **eines** EKG, 1.3 Fertigung **einer** Bauzeichnung, 1.4 Eintragung in das Grundbuch, 1.5 Konstruktion **einer** Brücke oder **eines** Brückenteils, 1.6 Bearbeitung **eines** Antrags auf Wohngeld, 1.7 Festsetzung **einer** Leistung nach dem Bundessozialhilfegesetz	2.1 unterschriftsreife Bearbeitung **eines** Aktenvorgangs, **eines** Widerspruchs oder **eines** Antrags auf Wohngeld, 2.2 Betreuung oder Pflege **einer** Person oder Personengruppe, 2.3 Fertigung **einer** Bauzeichnung, 2.4 Erstellung **eines** EKG, 2.5 Durchführung **einer** Unterhaltungs- oder Instandsetzungsarbeit

Es bleibt also bei der singulären und objektbezogenen Betrachtung der Tarifvertragsparteien, die nie Eingang in die Rechtsprechung des BAG gefunden hat (vgl. Steinherr, ZTR 2005, S. 304; Clemens/Scheuring/Steingen 2009, § 12, Rdnr. 216).

Krasemann 2005, 12. Kapitel Rdnr. 48 ff.
Richter/Gamisch 2009a, S. 15 ff.
Richter/Gamisch, RiA 2008, S. 145 ff.
Sonntag/Bauer/Bockholt, Rdnr. 81 ff.

6.2 Der Arbeitsvorgang als Eingruppierungsgrundlage

t **31. These:** 52
Der Arbeitsvorgang bildet die Grundlage für die Eingruppierung.

Die Definition der Tarifvertragsparteien zum Arbeitsvorgang hat die Rechtsprechung zwar in ihren Grundzügen aufgenommen, aber auch rechtserheblich ergänzt (vgl. Richter/Gamisch 2009b, S. 93 m. w. N.):

	Protokollnotiz/-erklärung Nr. 1 zu § 22 Abs. 2 BAT	**ständige Rechtsprechung des BAG, z. B. AP Nr. 308 zu § 22 BAT 1975**
	1.1 Arbeitsleistung einschließlich Zusammenhangsarbeiten	2.1 eine unter Hinzurechnung der Zusammenhangstätigkeiten
	1.2 die bezogen auf den Aufgabenkreis des Angestellten	2.2 und bei Berücksichtigung einer sinnvollen, vernünftigen Verwaltungsübung
	1.3 zu einem bei natürlicher Betrachtung	2.3 nach tatsächlichen Gesichtspunkten abgrenzbare und

	Protokollnotiz/-erklärung Nr. 1 zu § 22 Abs. 2 BAT	**ständige Rechtsprechung des BAG, z. B. AP Nr. 308 zu § 22 BAT 1975**
		2.4 rechtlich selbständig bewertbare Arbeitseinheit
	1.4 abgrenzbaren Arbeitsergebnis führen.	2.5 der zu einem bestimmten Arbeitsergebnis führende Tätigkeit eines Angestellten.

Als Arbeitsleistung (1.1) wird dabei jede zur Erfüllung der Arbeitspflicht verrichtete Aktivität eines Beschäftigten bezeichnet. Die Arbeitsleistung umfasst also die gesamte auszuübende Tätigkeit bzw. den Aufgabenkreis (1.2/2.5) und kann untergliedert werden nach Arbeitseinheiten (2.4), Arbeitsschritten, Zusammenhangstätigkeiten (1.1/2.1) und Arbeitsergebnissen (1.4/2.5):

- Zu einer nach dem BAG rechtlich selbständig bewertbaren Arbeitseinheit (2.4) werden alle die Arbeitsleistungen zusammengefasst, die zu einem verwertbaren (Zwischen-)ergebnis führen (1.4/2.5).
- Die bewertungsrelevante Arbeitseinheit besteht in der Regel aus mehreren aufeinander aufbauenden Arbeitsschritten.
- Der Arbeitsschritt ist dabei die kleinste, nicht mehr sinnvoll aufspaltbare Arbeitsleistung des Beschäftigten. Die Reihenfolge der Arbeitsschritte wird als Arbeitsablauf bezeichnet.
- Zu diesem Arbeitsablauf zählen auch Zusammenhangstätigkeiten (1.1/2.1). Das sind solche Tätigkeiten, die aufgrund ihres engen Zusammenhangs mit bestimmten, insbesondere tariflich höherwertigen Aufgaben eines Angestellten bei der Bildung des Arbeitsvorgangs zwecks Vermeidung tarifwidriger Atomisierung nicht abgetrennt werden dürfen, sondern dem Arbeitsvorgang als Bewertungseinheit zuzurechnen sind. (vgl. BAG Urteil vom 26. Juli 1995, AP Nr. 203 zu § 22 BAT 1975 m. w. N.)

Zusammenhangsarbeiten können sein (vgl. z. B. BAG Urteil vom 14. September 1994, AP Nr. 184 zu § 22 BAT 1975; BAG Urteil vom 14. November 1979, Az.: AP Nr. 3 zu § 22 KnAT):

- Aktenstudium, Schriftverkehr, Besprechungen und Telefonate im Rahmen der Bearbeitung des Aktenvorgangs
- Anfertigen und Lesen von Statistiken, als Grundlage für die Hauptarbeit
- Publikumsverkehr
- Studium von Gesetzen, sonstigen Rechtsvorschriften und gerichtlichen Entscheidungen
- Anfertigen von Reinschriften im Rahmen eigener Übersetzungstätigkeiten

	Liegt ein verwertbares (Zwischen-)Arbeitsergebnis im o. g. Sinne vor, spricht man von einem Arbeitsvorgang (vgl. Krasemann 2005, 12. Kapitel, Rdnr. 62 ff.).

Dieser Arbeitsvorgang als Bewertungseinheit im Sinne des § 22 Abs. 2 BAT darf auch hinsichtlich der zeitlichen Anforderungen nicht weiter aufgespalten werden. Nach ständiger Rechtsprechung des BAG ist es demnach ausreichend, wenn die tariflichen Anforderungen innerhalb des Arbeitsvorgangs zeitlich in rechtserheblichem Umfang anfallen. Die einzelnen Tätigkeitsmerkmale müssen innerhalb des Arbeitsvorgangs zeitlich nicht zu 100% erfüllt sein.

Beispiele:

Anteil des Arbeitsvorgangs in %	darin enthaltener Anteil selbständiger Leistungen in %	Bewertung des Arbeitsvorgangs
72%	25%	VG Vc FG 1 a BAT B/L (vgl. BAG, AP Nr. 2 zu § 22 BAT Rückgruppierung)
51%	13%	VG Vc FG 1 a BAT B/L (vgl. BAG, AP Nr. 193 zu § 22 BAT 1975)
35%	7%	VG Vc FG 1 b BAT B/L (vgl. BAG, AP Nr. 178 zu § 22 BAT 1975)

Krasemann 2005, 12. Kapitel Rdnr. 48 ff.
Richter/Gamisch 2009a, S. 15 ff.
Richter/Gamisch, RiA 2008, S. 145 ff.
Sonntag/Bauer/Bockholt, Rdnr. 81 ff.

6.3 Die Bildung von Arbeitsvorgängen

Die Bildung eines Arbeitsvorgangs richtet sich nach dem zu erbringenden Arbeitser- 53
gebnis (ständige Rechtsprechung des BAG, z. B. BAG Urteil vom 06. Juni 2007, AP Nr. 308 zu § 22 BAT 1975). Das gilt in Zukunft auch für Tätigkeiten im ehemaligen Arbeiterbereich.

Bildung eines Arbeitsvorgangs

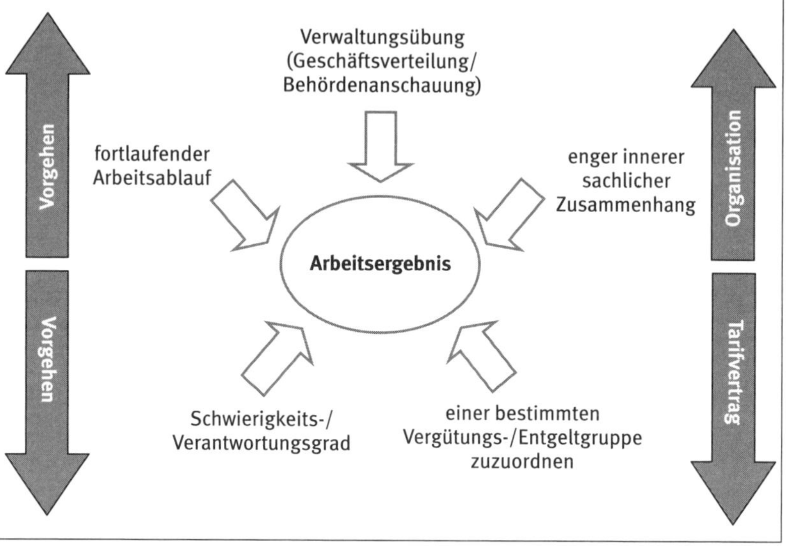

(Quelle: IPW – Institut für PersonalWirtschaft GmbH)

t	**32. These:** Entscheidend für die Bildung von Arbeitsvorgängen ist die Verwaltungsübung und das übertragene Aufgabengebiet und damit die tatsächliche Arbeitsorganisation.

Was Arbeitsergebnis sein soll, bestimmt sich zunächst nach der Organisationsentscheidung des Arbeitgebers. Dieser weist im Rahmen der Stellenbildung und -besetzung der Stelle/dem Beschäftigten einen bestimmten Aufgabenkreis zu. Diesen Organisationsakt umschreibt die Rechtsprechung regelmäßig mit den Begriffen Verwaltungsübung, Geschäftsverteilung, Behördenanschauung bzw. behördliche Übung. Unter Verwaltungsübung ist dabei die Arbeitsorganisation im Einsatzbereich und die Aufgabenverteilung zwischen der zu bewertenden Stelle und den sonstigen Stellen im Einsatzbereich zu verstehen (vgl. BAG Urteil vom 24. Oktober 1984, AP Nr. 97 zu § 22 BAT 1975). Der Begriff wird damit regelmäßig synonym zu dem der Geschäftsverteilung, Behördenanschauung bzw. behördlichen Übung verwendet (vgl. z. B. BAG Urteil vom 13. Dezember 1978, AP Nr. 12 zu § 22 BAT 1975).

54

t	**33. These:** Dabei ist zu prüfen ist, ob ein fortlaufender Arbeitsablauf oder enger innerer Zusammenhang vorliegt.

	Für die Feststellung des Arbeitsvorgangs/des Arbeitsergebnisses gilt es also zunächst den organisatorischen Rahmen und die Zuständigkeitsverteilung für die übertragenen Tätigkeiten insgesamt zu prüfen.

Danach bestehen grundsätzlich zwei Möglichkeiten zur Bildung eines Arbeitsvorgangs:

1. Eine Aufgabe mit fortlaufendem Arbeitsablauf, bei dem der Arbeits»gegenstand« (Unterhalts-Akten, Bauanträge für Wohngebäude, Bauwerk) vom Beschäftigten durchgängig, also ohne inhaltliche Unterbrechung, zu bearbeiten ist
   oder
2. Einzelaufgaben, die einen starken inneren sachlichen Zusammenhang/Bezug aufweisen, ohne das ein ununterbrochener Arbeitsablauf wie unter 1. gegeben ist.

Bei der Feststellung des Arbeitsvorgangs kommt es ausschließlich auf die tatsächliche Aufgabenverteilung an. Es ist unerheblich, dass es organisatorisch möglich wäre, bestimmte Aufgaben auf andere Beschäftigte zu übertragen. Denn gerade die Bündelung von Aufgaben mit einem engen inneren Sachzusammenhang auf einer Stelle/einen Beschäftigten ermöglichen ein schnittstellenfreies Arbeiten (vgl. BAG Urteil vom 14. März 2001, Az.: 4 AZR 172/00, zit. nach Hofmann 2009, A 320 XX.).

Diese Feststellung hängt wesentlich davon ab, ob einer Stelle und damit einem Beschäftigten eine Aufgabe nur teilweise oder in (Allein-)Zuständigkeit übertragen wird. Im letzteren Fall reicht für die Bildung eines Arbeitsvorgangs der o. g. enge innere Sachzusammenhang der übertragenen Einzeltätigkeiten aus.

	Die Rechtsprechung prägte in diesem Zusammenhang den Begriff »Funktionscharakter«. Funktionscharakter bedeutet, dass aufgrund der Alleinzuständigkeit des Beschäftigten für ein bestimmtes Arbeitsziel – z. B. Betreuung von Personen bzw. Personengruppen bei einem Sozialarbeiter (vgl. BAG Urteil vom 9. Dezember 1970, AP Nr. 35 zu § 22 BAT Sozialarbeiter m. w. N.) – alle mit diesem konkreten Arbeitsziel verbundenen Einzeltätigkeiten zu einem Arbeitsvorgang zusammengefasst werden können.

Beispiel:

Ein solcher enger innerer Sachzusammenhang ist beispielsweise dann gegeben, wenn einem technischen Angestellten alle erforderlichen Überwachungs- und Kontrolltätigkeiten für ein Baulos (Autobahnabschnitt) übertragen wurden. Von einem einheitlichen Arbeitsvorgang ist in diesen Fällen auszugehen, da sich alle Einzelaufgaben unter einem einheitlichen Arbeitsergebnis zusammenfassen lassen, nämlich der sach- und vertragsgerechten Fertigstellung des vom Beschäftigten zu betreuenden Autobahnabschnitts. Alle dazu erforderlichen Überwachungs- und Kontrollaufgaben sind gem. Geschäftsverteilungsplan dem Beschäftigten übertragen worden. (vgl. BAG Urteil vom 24. Oktober 1984, AP Nr. 97 zu § 22 BAT 1975 m. w. N.)

Aus tarifrechtlicher Sicht muss die so gebildete Arbeits- und Bewertungseinheit zusätzlich einer bestimmten Vergütungs-/Entgeltgruppe zuzuordnen sein, also einen nach den tariflichen Regelungen vorbestimmten gleichen Schwierigkeits- bzw. Verantwortungsgrad aufweisen. Erst dann liegt im Sinne der Rechtsprechung eine selbständig bewertbare Arbeitseinheit (= Arbeitsvorgang) vor.

Dabei gilt es zu beachten, dass das BAG sich nicht der einzelfallbezogenen Sichtweise der Tarifvertragsparteien gem. Klammersatz zu Protokollnotiz/-erklärung Nr. 1 zu § 22 BAT angeschlossen hat. So hat das BAG vielmehr in Bezug auf die beispielhaft genannten Arbeitsvorgänge entschieden:

zu 1.1 unterschriftsreife Bearbeitung **eines** Aktenvorgangs,
Als aktuelles Beispiel aus der Rechtsprechung des BAG kann der Sachbearbeiter »Heranziehung Unterhaltspflichtiger« angeführt werden (vgl. BAG Urteil vom 12. Mai 2004, AP Nr. 301 zu § 22 BAT 1975). Hier ging das BAG nicht von einem Arbeitsvorgang je Unterhaltsfall aus, sondern fasste alle Fälle der materiellrechtlichen Prüfung der Voraussetzungen eines sog. Rückerstattungsanspruchs (210 bis 220 Fälle p. a.) zu einem Arbeitsvorgang zusammen. Davon als eigener Arbeitsvorgang abgetrennt wurde lediglich die gerichtliche Durchsetzung dieser Ansprüche (2 bis 3 Fälle p. a.).

zu 1.5 Konstruktion **einer** Brücke oder **eines** Brückenteils,
Hier fasste das BAG alle Tätigkeiten der Bauoberleitung Brückenbauprojekte, nicht des einzelnen Brückenbauprojekts, zu einem Arbeitsvorgang zusammen (vgl. BAG Urteil vom 21. Juni 2000, Az.: 4 AZR 389/99, zit. nach Sonntag/Bauer/Bockholt 2007, Rdnr. 650).

zu 1.6 Bearbeitung **eines** Antrags auf Wohngeld,
Hier geht das BAG davon aus, dass zumindest zwei Arbeitsvorgänge vorliegen:
1. Arbeitsvorgang:
Prüfung von Erstanträgen (nicht jedes einzelnen Erstantrags)
2. Arbeitsvorgang:
Prüfen von Folgeanträgen (nicht jedes einzelnen Folgeantrags).
Diese Trennung ergibt sich, da bei der Prüfung von Folgeanträgen – im Gegensatz zu Erstanträgen – nach Auffassung des Gerichtes keine selbständigen Leistungen anfallen (vgl. BAG Urteil vom 5. November 2003, AP Nr. 2 zu § 22 BAT Rückgruppierung).

Aus diesem Vergleich wird ein für die Praxis wichtiger Grundsatz deutlich:

> »Der Begriff des ›Arbeitsvorgangs‹ ist ein feststehender, abstrakter, von den Tarifvertragsparteien vorgegebener Rechtsbegriff. Die Anwendung eines derart bestimmten Rechtsbegriffs durch die Tatsachengerichte ist in vollem Umfang durch das Revisionsgericht nachprüfbar ... Die Parteien können daher auch nicht unstreitig stellen, dass bestimmte Tätigkeiten einen Arbeitsvorgang im Rechtssinne bilden. ... Die Bestimmung des Arbeitsvorgangs ist als Rechtsanwendung Sache der Gerichte ...«

(ständige Rechtsprechung des BAG z. B. Urteil vom 21. Juli 2002, AP Nr. 291 zu § 22 BAT 1975).

Dieser Grundsatz führt regelmäßig dazu, dass – entgegen dem in der Literatur geäußerten Willen der Tarifvertragsparteien zu einer einzelfallbezogenen Bildung und Bewertung von Arbeitsleistungen des Beschäftigten (vgl. Steinherr, ZTR 2005, S. 304; Clemens/Scheuring/Steingen 2009) – das BAG im Sinne der betriebswirtschaftlichen Grundlagen der Arbeitsbewertung vorgeht und Arbeitsvorgänge nicht nach den zu bearbeitenden Einzelfällen, sondern nur nach ihren unterschiedlichen tariflichen Schwierigkeits- bzw. Verantwortungsgraden bildet (zu den betriebswirtschaftlichen Grundsätzen der Arbeitsbewertung s. Kapitel 5.1, S. 27 ff.).

Krasemann 2005, 12. Kapitel Rdnr. 48 ff.
Richter/Gamisch 2009a, S. 15 ff.
Richter/Gamisch, RiA 2008, S. 145 ff.
Sonntag/Bauer/Bockholt, Rdnr. 81 ff.

6.4 Der Arbeitsvorgang in der Rechtsprechung des BAG – Übersicht

Die o. g. betriebswirtschaftlichen Grundlagen – auf denen auch die Vergütungsordnung 55
des BAT aufbaut – setzt das BAG konsequent um, indem es regelmäßig Aufgaben gleichen oder vergleichbaren Schwierigkeitsgrades zu einem Arbeitsvorgang zusammenfasst (vgl. z. B. BAG Urteil vom 13. Dezember 1978, AP Nr. 12 und BAG Urteil vom 12. August 1981, AP Nr. 47 beide zu § 22 BAT 1975; zu einer aktuellen Gesamtübersicht vgl. Richter/Gamisch, 2009b, S. 97 ff.).

Aus tarifrechtlicher Sicht muss die als Arbeitsvorgang gebildete Arbeitseinheit auch eine Bewertungseinheit darstellen.

Das ist nur der Fall, wenn sie einer bestimmten Vergütungs-/Entgeltgruppe zuzuordnen ist, also einen nach den tariflichen Regelungen vorbestimmten gleichen Schwierigkeits- bzw. Verantwortungsgrad aufweist. Dann liegt im Sinne der Rechtsprechung eine selbständig bewertbare Arbeitseinheit vor.

Aufbauend auf diesen Grundsätzen lassen sich drei Kategorien für das Vorliegen eines Arbeitsvorgangs ableiten:
1. Leitungsaufgaben
2. Aufgaben, die einer Beispieltätigkeit der Vergütungsordnung entsprechen (Funktionsmerkmale)
3. Aufgaben mit Funktionscharakter

6.4.1 Leitungsaufgaben

34. These: 56
Leitungsaufgaben bilden grundsätzlich einen Arbeitsvorgang.

Leitungsaufgaben führen nach ständiger Rechtsprechung des BAG zu einem einheitlichen Arbeitsergebnis: der sachgerechten Leitung des übertragenen Zuständigkeitsbereichs. Dabei können alle Tätigkeiten zusammengefasst werden, die diesem einheitlichen Arbeitsergebnis dienen. Das gilt auch, wenn dem Beschäftigten eigene sachbearbeitende Aufgaben seines Zuständigkeitsbereichs übertragen werden (vgl. ständige Rechtsprechung des BAG, z. B. BAG Urteil vom 20. Juni 1990, AP Nr. 150 zu § 22 BAT 1975 m. w. N.).

Etwas anderes gilt, wenn dem Beschäftigten unterschiedliche Zuständigkeitsbereiche übertragen werden:

Beispiele:

- Leitung eines Zentrums für pädagogische Berufspraxis und Leitung einer zentralen Studienberatungsstelle (vgl. BAG Urteil vom 12. Februar 1992, Az.: 4 AZR 310/91)
- Stellvertretende Leitung einer VHS und Fachbereichsleitung in der VHS (LAG Hamm Urteil vom 20. Dezember 2002, Az.: 12 Sa 449/02, EzBAT §§ 22, 23 BAT: 1 Allg. Verwaltungsdienst VergGr. IIa Nr. 12)

In diesen Fällen liegen jeweils zwei getrennte Arbeitsvorgänge vor.

6.4.2 Funktionsmerkmale

57

t	**35. These:** Funktionsmerkmale bilden grundsätzlich ein Arbeitsvorgang.

Bestimmte Arbeitsbereiche werden im Rahmen der Vergütungsordnung des BAT als eigenes Tätigkeitsmerkmal definiert, z. B.:

- Altenpfleger
- Arzt
- Kassenleiter
- Kassierer
- Krankenpfleger
- Lagerverwalter
- Unterrichtsschwester

Die Rechtsprechung des BAG spricht von sog. Funktionsmerkmalen (vgl. BAG Urteil vom 7. Dezember 1983, AP Nr. 82; BAG Urteil vom 7. Dezember 1983, AP Nr. 83; BAG Urteil vom 15. Februar 1984, AP Nr. 86; BAG Urteil vom 27. November 1985, AP Nr. 111; BAG Urteil vom 14. Mai 1986, AP Nr. 119; BAG Urteil vom 26. Oktober 1994, AP Nr. 187; BAG Urteil vom 26. Juli 1995, AP Nr. 203; BAG Urteil vom 18. Juni 1997, AP Nr. 228; BAG Urteil vom 24. Juni 1998, AP Nr. 243; BAG Urteil vom 8. September 1999, AP Nr. 270; BAG Urteil vom 29. November 2001, AP Nr. 288 alle zu § 22 BAT 1975).

Mit diesen schreiben die Tarifvertragsparteien zugleich zwingend vor, dass alle zu diesem Arbeitsgebiet gehörenden Einzeltätigkeiten zu einem Arbeitsvorgang zusammenzufassen und einheitlich zu bewerten sind. Etwas anderes gilt nur, wenn besonders qualifizierte Einzeltätigkeiten des Arbeitsgebiets einer anderen Vergütungsgruppe zugeordnet sind (vgl. BAG Urteil vom 20. März 1991, AP Nr. 43 zu § 22 BAT 1975).

6.4.3 Aufgaben mit Funktionscharakter

Das gilt auch für Arbeitsbereiche, die nicht ausdrücklich als eigenes Funktionsmerkmal 58
in den Tarifvertrag übernommen wurden, deren Aufgabenstellung aber mit denen der sog. Funktionsmerkmale vergleichbar ist.

> Als typische Beispiele können hier die Arbeitsgebiete des Sozialarbeiters/-pädagogen (FH/BA) genannt werden, die auf die problemzentrierte Beratung und Begleitung von Personen oder Personengruppen ausgerichtet sind (vgl. BAG Urteil vom 25. Oktober 1978, AP Nr. 10; BAG Urteil vom 13. Dezember 1978, AP Nr. 12; BAG Urteil vom 10. Juni 1981, AP Nr. 46; BAG Urteil vom 22. März 1995, AP Nr. 194; BAG Urteil vom 14. Juni 1995, AP Nr. 202 alle zu § 22 BAT 1975).

> Krasemann 2005, 12. Kapitel Rdnr. 48 ff.
> Richter/Gamisch 2009a, S. 15 ff.
> Richter/Gamisch, RiA 2008, S. 145 ff.
> Sonntag/Bauer/Bockholt, Rdnr. 81 ff.

6.5 Der Arbeitsvorgang in der Rechtsprechung des BAG – Beispiele

> **36. These:** 59
> Bei der Bildung von Arbeitsvorgängen muss die (jüngste) Rechtsprechung der Arbeitsgerichte beachtet werden. Beispiele sind die Entscheidungen zum ...
> ... Fluggastkontrolleur
> ... Angestellter Servicegruppe Innenstadt

Die folgenden Fälle wollen wir im Hinblick auf diese Fragestellungen zur Bildung von Arbeitsvorgängen näher beleuchten:

a) Verwaltungsübung und übertragenes Arbeitsgebiet

b) Fortlaufender Arbeitsablauf oder enger innerer Sachzusammenhang?

6.5.1 Fluggastkontrolleur

Das BAG hatte zu entscheiden (BAG Urteil vom 31. Juli 2002, AP Nr. 291 zu § 22 BAT 60
1975), ob ein Arbeitsvorgang »Fluggastkontrolle« vorliegt.

a) Verwaltungsübung und übertragenes Arbeitsgebiet

Der Fluggastkontrolleur ist – eingebunden in einem arbeitsteiligen Team – je nach Dienstplan jeweils zuständig für:

Lfd. Nr.	Beschreibung	Zeitanteil
1.	Die Kontrolle von Personen mittels Handsonde oder Abtasten der Bekleidung des Körpers – Identifizierung/Klassifizierung aller am Körper befindlicher Gegenstände – Bewertung aufgefundener Gegenstände als gefährlich/ungefährlich – Trennung gefährlicher Gegenstände vom Passagier – Zuführung nicht abschließend bewertbarer Gegenstände zu weiteren Kontrollverfahren – Vermeidung des Zugriffs des Passagiers aufgefundenen Waffen und Sprengmitteln durch körperlichen Einsatz	36,5 %
oder		
2.	Kontrolle von Hand-/Reisegepäck, Frachtgut, Fundsachen sowie herrenlosen Gegenständen und Gepäckstücken mittels Röntgengerät; Untersuchung technischer Geräte einschl. Funktionsprüfung – Identifizierung/Klassifizierung von Inhaltsteilen/üblicher Reisegebrauchsgegenstände anhand ihrer abgebildeten inneren Struktur durch Vergleich mit Erfahrungswerten – Bewerten der aufgefundenen Gegenstände/Strukturen als gefährlich/ungefährlich – Zuführung nicht abschließend bewertbarer Gepäckstücke zu weiteren Kontrollverfahren – Strukturanalyse technischer Geräte (Bewertung technischer Geräte oder Behältnisse hinsichtlich des Einbaus von Bauelementen, welche in Spreng- und Brandvorrichtungen verwandt werden) – Inhaltskontrolle verschlossener Behältnisse oder schwer zugänglicher Holräume mittels GPA – Gewichtsvergleich von technischen Geräten und Lehrgepäckstücken – Manuelle Datenerfassung von Vergleichsgewichten – Funktionsproben hoch integrierter elektronischer Geräte (z. B. Laptop, Camcorder, Funktelefon)	24,5 %
oder		
3.	Manuelle Nachkontrolle von Hand- und Reisegepäck entsprechend den vorgegebenen Quoten des Rahmensplans Luftsicherheit	31 %

Lfd. Nr.	Beschreibung	Zeitanteil
oder		
4.	Untersuchung technischer Geräte, verdächtiger Substanzen und Gepäckstücke mittels Sprengstoffspürgerät (EGIS-Gerät) – Probenentnahme und Durchführung der Analyse am Sprengstoffspürgerät EGIS – Bewertung der Kontrollergebnisse hinsichtlich des Vorliegens von Sprengstoff durch Vergleich mit Erfahrungswerten und mit Vergleichsdiagrammen – Durchführung der täglichen technischen Wartung des Analysegerätes – Durchführung von Einstellungen/Eichungen am Analysegerät	4 %
oder		
5.	Untersuchung von Frachtgut	4 %

b) Fortlaufender Arbeitsablauf oder enger innerer Sachzusammenhang?

Bezogen auf den einzelnen Fluggastkontrolleur liegt bei den o. g. Aufgaben 1. bis 5. kein fortlaufender ununterbrochener Arbeitsablauf vor. Der Kontrolleur wird jeweils nur an einem Prüfpunkt eingeteilt und führt beim einzelnen Passagier – jeweils immer nur die Personenkontrolle (1.) oder die Kontrolle des Hand-/Reisegepäcks ... (2.), etc. durch.

Auch besteht für den einzelnen Fluggastkontrolleur im Rahmen der Aufgabenerledigung kein enger innerer Zusammenhang. Vielmehr führt jeder Kontrollschritt der Fluggastkontrolle zu einem weiter verwertbaren Zwischenergebnis, welches ein anderer Kollege aufnimmt und die jeweils weiteren Prüffolgen absolviert.

c) Entscheidung des BAG

Die oben beschriebenen fünf Kontrollpunkte bilden mit den dabei zu erledigenden Einzeltätigkeiten jeweils eigene Arbeitsvorgänge im Sinne des BAT. Arbeitsergebnis ist jeweils die Feststellung, ob von dem Prüfobjekt (Person, Handgepäck, technische Geräte, Frachtgut) eine Gefahr ausgeht und ob ggf. ein Polizeibeamter hinzugezogen werden muss. Aufgrund des jeweils unterschiedlichen Arbeitsergebnisses sind auch unterschiedliche Arbeitsschritte zur Erreichung des jeweils geforderten Arbeitsergebnisses erforderlich.

6.5.2 Angestellter Servicegruppe Innenstadt

Das BAG hatte zu entscheiden (BAG Urteil vom 7. Juli 2004, AP Nr. 297 zu § 22 BAT 1975) 61
welche Aufgaben des Angestellten zu einem Arbeitsvorgang zusammengefasst werden können.

a) Verwaltungsübung und übertragenes Arbeitsgebiet

Der Beschäftigte arbeitet innerhalb des Ordnungsamtes der Stadt in der sog. Servicegruppe Innenstadt. Aufgabe der Servicegruppe ist es, im Bereich der Innenstadt die Einhaltung der gesetzlichen Ge- und Verbote sicherzustellen. Die Mitarbeiter der Gruppe haben einzuschreiten, wenn insbesondere Straßenhändler, Bettler, Obdachlose, Drogenabhängige, Punks, Alkoholiker, Umweltverschmutzer, Straßenmusikanten, Betreiber von Informations- und Verkaufsständen gegen Vorschriften auf dem Gebiet der öffentlichen Sicherheit und Ordnung verstoßen. Ziel der Servicegruppe Innenstadt ist es, den Bürgern und Besuchern der Stadt das Gefühl zu geben, sich in einer sicheren und sauberen Stadt zu bewegen. Darüber hinaus soll schonend eingegriffen, Konfrontationen und Gewalt vermieden werden. Dieses Ziel sollen die Beschäftigten des Teams im Rahmen ihrer Streifengänge umsetzen.

Der Arbeitgeber bildet aufbauend auf diesem Stellenziel diese Arbeitsvorgänge (AV):

Lfd. Nr. AV	Beschreibung	Zeitanteil
1.	Tätigkeit in der Servicegruppe mit Maßnahmen bei folgenden Verstößen: a. Verbot des Drogen- und Alkoholkonsums (Trinkgelage) b. Verbot des aggressiven Bettelns und der Straßenlagerei c. Verbot von Glücksspielen d. Maßnahmen bei Hilfsbedürftigen e. Maßnahmen bei Obdachlosen u. sonstigen sozialen Randgruppen	20%
2.	Tätigkeit in der Servicegruppe mit Maßnahmen bei folgenden Verstößen: a. Beschallung des öffentlichen Verkehrsraums durch Lautsprecheranlagen b. Überwachung der Auflagen sowie Einleitung von Maßnahmen bei Verstößen gegen die Festlegungen der Erlaubnisverfügungen von genehmigten Veranstaltungen im Innenstadtbereich c. Verbot der Tierquälerei d. Verstoß gegen die Gefahrtier-Verordnung vom 5. 7. 2000 (u. a. Bestimmung der Rasse, Maßnahmenanordnung gegen aggressive und gefährliche Hunde, Durchsetzung des Maulkorb- und Leinenzwanges, Überprüfung von Ausnahmegenehmigungen und des Hunde-Führerscheines, Feststellung, ob es sich bei der Person, die den Hund führt, um die nach der VO berechtigte Person mit der entsprechenden Sachkunde handelt) e. Verstoß gegen das Verkaufsverbot von echtem Gold- u. Silberschmuck	30%

Lfd. Nr. AV	Beschreibung	Zeitanteil
3.	Tätigkeit in der Servicegruppe mit Maßnahmen bei folgenden Verstößen: a. Verunreinigung von Straßen, Grünanlagen, Kinderspielplätzen usw. mit Spritzen u. sonst. Utensilien durch Drogenabhängige b. Verstoß gegen die Anleinpflicht für Hunde c. Verstoß gegen das Verbot des Taubenfütterns d. Nichtbeseitigung von Hundekot oder sonstigen Verunreinigungen e. Verstoß gegen das Verbot der Autowäsche im öffentlichen Straßenraum f. Verunreinigungen durch Kraftfahrzeuge g. Verstoß gegen das Parkverbot in Grünanlagen h. Nichtbeachtung des Radfahrverbotes in Fußgängerzonen i. Nichtbeachtung des Verbotes des Rollschuhlaufens und Skateboardfahrens in den ausgewiesenen Bereichen j. Nichtgenehmigter Verkauf von CD's und MC's durch Straßenmusikanten k. Sachbeschädigungen, Beschmieren, Bemalen, wildes Plakatieren	17%
4.	Tätigkeit in der Servicegruppe ohne Feststellung von Verstößen	10%
5.	Einbindung in die Arbeit der Anlaufstelle und Wahrnehmung der dort anfallenden Tätigkeiten (u. a. Tätigkeit als Springer, Vertretung des Stammpersonals, soweit diese an Dienstbesprechungen, Sitzungen etc. teilnehmen müssen).	20%
6.	sonstige Tätigkeiten, die in keinem Zusammenhang zu den o. g. AV stehen (regelmäßige Dienstbesprechungen, Umläufe lesen, neue Mitarbeiter einweisen usw.)	3%

b) Fortlaufender Arbeitsablauf oder enger innerer Sachzusammenhang?

Die Arbeitsausführung gestaltet sich aus organisatorischer Sicht so: Der Beschäftigte geht den zugewiesenen Innenstadtbereich ab und beobachtet das Geschehen auf Situationen, die ein Einschreiten gem. den vom Arbeitgeber unter den »Arbeitsvorgängen 1. bis 3. beschriebenen Verstößen« erfordern.

c) Entscheidung des BAG

Die auszuübende Tätigkeit als Mitarbeiter in der Servicegruppe Innenstadt hat Funktionscharakter. Die gesamte Streifentätigkeit dient einem einheitlichen Arbeitsergebnis: Durchsetzung der in der Stadt bestehenden ordnungsrechtlichen Normen im Innenstadtbereich.

Die Unterscheidung des Arbeitgebers zwischen ereignislosen und weniger und mehr ereignisreichen Streifengängen und den daraus gebildeten Arbeitsvorgängen, deren Arbeitsergebnis wohl die Feststellung jeder einzelnen Ordnungswidrigkeit und der Ergreifung einer Maßnahme sein soll, erscheint aus zwei Gründen nicht sachgerecht:

1. Es erfolgt eine künstliche »Atomisierung« menschlicher Tätigkeit
2. Streifengänge ohne Feststellung von Ordnungswidrigkeiten und/oder Ergreifung von Maßnahmen blieben tarifrechtlich unberücksichtigt

> Mit dem geforderten Arbeitsergebnis der Streifentätigkeit ist aber die Unmöglichkeit verbunden, am Beginn des Streifengangs die einzelnen Eingriffe nach ihrer tariflichen Wertigkeit unterscheiden zu können.

Das unterscheidet den übertragenen Aufgabenbereich auch wesentlich von einem Innendienstmitarbeiter, der entsprechende Fälle am Schreibtisch bearbeitet. Bei diesem können die einzelnen aktenkundigen Vorgänge nach ihrer tariflichen Wertigkeit unterschieden werden, etwa dadurch, dass dem Angestellten A. nur Akten aus dem Bereich der Ziffer 1 der Aufstellung, dem Angestellten B. nur Vorgänge aus dem Bereich der Ziffer 2 usw. zur Bearbeitung übergeben werden. Dem Außendienstmitarbeiter in der Servicegruppe Innenstadt ist – im hier behandelten Zusammenhang – ein Sicherheitsmeister der Verteidigungsverwaltung vergleichbar, dessen »Begehungen« zu einem einheitlichen Arbeitsergebnis führen, das in der Durchführung der Sichtkontrolle zum Zwecke der Einhaltung der Betriebsschutz- bzw. Sicherheitsvorschriften und der Veranlassung der Beseitigung aufgetretener Mängel und Beanstandungen besteht.

6.6 Ausblick: Bildung von Arbeitsvorgängen im Arbeiterbereich

6.6.1 Vorüberlegungen

62 Auf Basis der objekt-/einzelfallbezogenen Auffassung der Tarifvertragsparteien zum Arbeitsvorgang gem. Verhandlungsstand zum TVöD: »Durchführung einer Unterhaltungs- oder Instandsetzungsarbeit« auf der einen Seite und der regelmäßigen Zusammenfassung dieser bei gleichem bzw. vergleichbarem Schwierigkeits- bzw. Verantwortungsgrad durch das BAG, lassen sich zwei wichtige Eckpunkte für die Bildung von Arbeitsvorgängen im ehemaligen Arbeiterbereich ableiten:

> 1. Das zu erbringende Arbeitsergebnis wird sich wesentlich nach den zu betreuenden technischen Anlagen richten.
> 2. Dabei können alle Einzeltätigkeiten zu einem Arbeitsvorgang zusammengefasst werden, die im Sinne des allgemeinen Sprachgebrauchs einen ununterbrochenen Arbeitsablauf bilden.

Ob auch Einzeltätigkeiten mit engem innerem sachlichen Zusammenhang einen Arbeitsvorgang bilden können, wird grundlegend von der Gestaltung der Tätigkeitsmerkmale der neuen Entgeltordnung nach Oberbegriffen und den konkretisierenden Beispieltätigkeiten richten. Die bereits in Kraft gesetzte Entgeltgruppe 1 gibt uns – gerade für ehemalige Arbeitertätigkeiten – einen ersten Einblick.

📖	Richter/Gamisch 2009a, S. 41 f. Richter/Gamisch AuA 2009, S. 360 ff.

6.6.2 Die neue Entgeltgruppe 1 TVöD/TV-L

t	**37. These:** Schon jetzt kann in die neue Entgeltgruppe 1 TVöD/TV-L eingruppiert werden. Die ersten Entscheidungen der Rechtsprechung liegen vor.

63

Die neue Entgeltgruppe 1 TVöD/TV-L hat folgenden Wortlaut:

»Beschäftigte mit einfachsten Tätigkeiten, zum Beispiel:

- Essens- und Getränkeausgeber/innen
- Garderobenpersonal
- Spülen und Gemüseputzen und sonstige Tätigkeiten im Haus- und Küchenbereich
- Reiniger/innen in Außenbereichen wie Höfe, Wege, Grünanlagen, Parks
- Wärter/innen von Bedürfnisanstalten
- Servierer/innen
- Hausarbeiter/innen
- Hausgehilfe/Hausgehilfin
- Bote/Botin (ohne Aufsichtsfunktion) ...«

(EG 1 TVöD/TVÜ-VKA Anlage 3, TVöD/TVÜ-Bund Anlage 4 und TV-L/TVÜ Anlage 4 Teil A)

Danach orientieren sich die Beispieltätigkeiten an typischen Berufs- bzw. Tätigkeitsbildern, wie sie bereits die Lohngruppenverzeichnisse aufweisen. Darüber hinaus werden wohl auch in Zukunft Tätigkeiten mit Leitungs- bzw. Aufsichtsfunktionen ein mögliches Heraushebungsmerkmal darstellen.

Mit dieser Entgeltgruppe 1 stellen TVöD und TV-L die Rechtsgrundlage für eine sog. Leichtlohngruppe zur Verfügung. Sie soll Outsourcing (Fremdvergabe) verhindern und Insourcing (Wiederaufnehmen einer Leistung) ermöglichen (siehe zur vergleichbaren Rechtslage im TV-V Herzberg/Schaum 2009, Kapitel B, Abschnitt 3, Rdnr. 2; zum Eingruppierungsrecht siehe Richter/Gamisch 2007b).

Dementsprechend umfasst Entgeltgruppe 1 Tätigkeiten, die keinerlei Vor- oder Ausbildung erfordern, sondern vielmehr nach einer sehr kurzen Einweisung/Anlernphase (max. 2 Tage) erledigt werden können. Diese Einweisung/Anlernphase dient der Erlangung von Arbeitsroutine. Sie ist hingegen nicht erforderlich, damit der Arbeitnehmer bestimmte Arbeitsabläufe als solche erst erlernen und beherrschen muss.

	Es handelt sich also um Tätigkeiten, die in ihrer Einfachheit nicht zu überbieten sind und für die dementsprechend: ■ eine klare/konkrete Aufgabenzuweisung besteht ■ mit feststehenden und vorgegebenen Tätigkeitsabläufen und ■ gleichförmigen/gleichartigen/mechanischen Arbeiten (vgl. VG X BAT), die nur geringster Überlegung bedürfen, ■ ohne eigenes Entscheidungsrecht zur Art und Weise der Ausführung und ■ ohne Erfordernis der Abstimmung der eigenen Arbeiten mit Anderen.

Beispiel:

So sind Reinigungstätigkeiten der Entgeltgruppe 1 zuzuordnen, wenn der Arbeitgeber den ganz konkreten Arbeitsablauf, den Arbeitsinhalt und die Arbeitsmittel eindeutig bestimmt. Die Vorgaben des Arbeitgebers müssen also dergestalt sein, dass die zu beachtenden Reinigungsanweisungen im Sinne konkreter Handlungsanweisungen regeln:

- welche Bereiche genau zu reinigen sind (z. B. Fußböden, Oberflächen, Nassbereich, WC)
- welche Reinigungsmittel in welcher Dosierung zum Einsatz kommen und dass die sachgerechte Dosierung über Dosieranlagen und nicht durch die Reinigungskraft erfolgt
- welche Reinigungsgeräte (z. B. welcher Eimer, welche Lappen) zu verwenden sind und
- in welcher Art und Weise die Reinigung für jeden der o. g. Bereiche konkret zu erfolgen hat (z. B. nass- und/oder trocken nachwischen)

(vgl. BAG Urteil vom 20. Mai 2009, Az.: 4 AZR 315/08).

Eine Eingruppierung von Reinigungsarbeiten nach Entgeltgruppe 1 scheidet aus, wenn bei sog. Sicht- und Unterhaltsreinigungen Hygienevorschriften – für die eine mehrstündige Schulung erforderlich ist – sowie ein umfangreicher Desinfektionsplan zu beachten sind, damit der Arbeitnehmer selbst entscheiden kann, welche Flächen wie aufgrund der selbst festzustellenden Verschmutzungen zu reinigen sind. Insofern enthielten die Vorgaben des Arbeitgebers (Hygiene- und Desinfektionsplan) keine klaren Vorgaben, was wie in welchem Turnus und mit welchen Mitteln zu reinigen war (vgl. BAG Urteil vom 28. Januar 2009, Az.: 4 ABR 92/07).

	Bei der Anwendung der Entgeltgruppe 1 tauchte die Frage auf, welche Eingruppierungsgrundsätze anzuwenden sind.

Die Tarifvertragsparteien wollen zukünftig den Arbeitsvorgang zur Bewertungsgrundlage machen (s. o.). Gleichzeitig fehlt es an einer neuen Regelung, denn die ins Auge gefasste Fassung des § 12 TVöD/TV-L ist kein geltendes Recht. Andererseits unterliegen die Tätigkeiten der Entgeltgruppe 1 nicht den Regelungen des § 22 BAT. Das BAG hat diesen Widerspruch wie folgt gelöst. Es gelten die alten Eingruppierungsgrundsätze:

- für die Eingruppierung ehemals arbeiterrentenversicherungspflichtiger Tätigkeiten sind Tätigkeiten zu bilden und

- für die Eingruppierung ehemals angestelltenversicherungspflichtiger Tätigkeiten Arbeitsvorgänge gem. § 22 BAT.

Diese Regelung ergäbe sich aus § 17 Abs. 1 i.V. m. § 17 Abs. 2 TVÜ/TVÜ-Länder. Sie differenziere zwischen den Eingruppierungsgrundsätzen (Abs. 1) einerseits und deren Auskonkretisierung in den Vergütungsordnungen und Lohngruppenverzeichnissen andererseits (vgl. BAG Urteil vom 28. Januar 2009, Az.: 4 ABR 92/07 und BAG Urteil vom 20. Mai 2009, Az.: 4 AZR 315/08).

Mit diesen Urteilen ist einerseits die Frage nach der Rechtsgrundlage für die Eingruppierung in die Entgeltgruppe 1 geklärt worden.

> Gleichzeitig ergibt sich damit eine neue Rechtsfrage:

Die Eingruppierungen in die Entgeltgruppe 1 sollten – anders als bei den Entgeltgruppen 2 bis 15 – bereits jetzt verbindlich sein. Demgegenüber soll mit der Einführung der neuen Entgeltordnung gerade der Arbeitsvorgang die Bewertungsgrundlage darstellen. Die Anwendung des Arbeitsvorgangs hat das BAG aber gerade ausgeschlossen. Als Konsequenz aus dieser Rechtsprechung können auch die Eingruppierungen der Entgeltgruppe 1 nur vorläufiger Natur sein, da aus den im Moment zu bewertenden Tätigkeiten zukünftig Arbeitsvorgänge gebildet werden müssen.

> Für die Vorbereitung auf die neue Entgeltordnung kann diese Frage zunächst offen bleiben, da in der Praxis keine großen Unterschiede bestehen. Für die Bildung von Tätigkeiten bzw. Arbeitsvorgängen gelten vergleichbare Regeln und Kriterien. Lediglich die im Einzelfall anzuwendenden Maßstäbe sind weniger streng (vgl. BAG Urteil vom 20. Mai 2009, Az.: 4 AZR 315/08 m. w. N.). Eine Überprüfung ist mit In Kraft Treten der neuen Entgeltordnung aber erforderlich.

Nach diesen Grundüberlegungen zeichnen wir im Folgenden die Bildung von Arbeitsvorgängen für einen Schichtführer nach (vgl. BAG Urteil vom 15. Februar 2006, AP Nr. 3 zu § 22 BAT Rückgruppierung).

> Richter/Gamisch 2009a, S. 41 f.
> Richter/Gamisch AuA 2009, S. 360 ff.

6.6.3 Bildung von Arbeitsvorgängen für einen Schichtführer

a) Verwaltungsübung und übertragenes Arbeitsgebiet 64

Der Beschäftigte ist einer von drei Schichtführern in der Technikzentrale eines Universitätsklinikums (UKK). Im Rahmen der Schichtführung sind ihm drei Arbeiter und zwei Zivildienstleistende unterstellt. Zu seinen Aufgaben gehört die Betreuung der vielfältigen technischen Anlagen des UKK (z. B. Druckluft-, Fernwärme-, Lüftungs-, Notstromanlagen). Dazu obliegen dem Beschäftigten diese Tätigkeiten:

Lfd. Nr.	Aufgabe	Auszuführende Tätigkeiten	%
1.	Bedienen	1. Bedienung der Regelungstechnik zur optimalen Fahrweise der technischen Anlagen im UKK	10 %
		2. Bedienung der computergestützten Gebäudeleittechnik zur Ermittlung von technischen Unregelmäßigkeiten bzw. Störausfällen	
		3. Bedienung der Brandmeldeanlage zur Freischaltung von Melderstrecken (Sanierung)	
		4. Eingriff in die klimatechnische Regelungsstrecken zur Anpassung an die jeweiligen vorgegebenen Bedingungen im OP-Bereich	
		5. Kontrolle und Optimierung der Parameter sowie der technischen Anlagen zur Sauerstoffversorgung der OP und Intensivstationsbereiche sowie der zentralen Druckluftversorgung (medizinische Druckluft)	
2.	Kontrolle	6. Kontrolle der technischen Anlagen auf ihre Funktionsfähigkeit durch Vorortsbegehung im Klinikum K bzw. im innerstädtischen Bereich sowie der außenliegenden Liegenschaften	10 %
		7. Kontrolle der Mitarbeiter auf ordnungsgemäße Durchführung der ihnen übertragenen Arbeitsaufträge im Schichtbereich	
3.	Störungs-beseitigung	8. Beseitigung/Organisation der Störungsbeseitigung	40 %
		9. Bagatellstörungen durch Schichtpersonal	
		10. Organisation des technischen Bereitschaftsdienstes in Abstimmung mit den bereitschaftsdiensthabenden Leiter	
		11. Organisation der notwendigen Maßnahmen in Abstimmung mit den Kliniken und Institutsbereichen zur Havariebeseitigung.	
		12. Ist qualifiziert im Störungsfall die Netzersatzanlagen (Dieselaggregate) zu starten um den Krankenhausbetrieb aufrechtzuerhalten.	
		13. Analysiert die Störungen und organisiert die sachgerechte Abarbeitung.	
4.	Organisation	14. Beauftragt die in der Schicht tätigen Mitarbeiter zur Abarbeitung von Störungen, Havarien.	40 %

Lfd. Nr.	Aufgabe	Auszuführende Tätigkeiten	%
		15. Organisiert die fachgerechte Zuordnung von Störungs- und Reparaturmeldungen durch die Mitarbeiter.	
		16. Erreicht durch Verteilung der anstehenden Arbeitsaufgaben innerhalb der Schichtbesetzung, dass die technischen Anlagen und Systeme der Med. Fakultät ordnungsgemäß funktionieren und steuert die technischen Prozesse.	
		17. Organisiert im Rahmen der Störungsmeldung die reibungslose Zusammenarbeit unterschiedlicher Gewerke außerhalb der Dienstzeit und an Sonn- und Feiertagen.	
		18. Ist verantwortlich für die Arbeitsorganisation innerhalb der Schicht.	
		19. Leitet die Mitarbeiter hinsichtlich der effektiven Anlagenfahrweise unter besonderer Berücksichtigung der Energieeinsparung an, für den optimalen Einsatz der Energieerzeugung und Umformeranlagen.«	

b) Fortlaufender Arbeitsablauf oder enger innerer Sachzusammenhang?

Von einem fortlaufenden ununterbrochenen Arbeitsablauf kann bei den Tätigkeiten 1. bis 4. nicht ausgegangen werden. Die beschrieben Einzeltätigkeiten bauen nicht zwingend aufeinander auf, da nicht jeder Kontroll- (2.) bzw. Überwachungsvorgang (1.) **zwingend** die Einzeltätigkeiten der Störungsbeseitigung (3.) bzw. der Organisation (4.) nach sich zieht. So stellt sich die Frage, ob zwischen den Aufgaben ein enger innerer Sachzusammenhang besteht, der seinerseits das Vorliegen eines Arbeitsvorgangs begründen kann. Das kann dann der Fall sein, wenn die Stelle zumindest Funktionscharakter hat und damit aufgrund der (Allein-)zuständigkeit des Beschäftigten von einem einheitlichen Arbeitsergebnis ausgegangen werden kann.

Von einem solchen kann hier ausgegangen werden. Die Funktion des Schichtführers, als eine Form von Aufsicht bzw. Leitung, kennen die Lohngruppenverzeichnisse. Danach ist unter einem Schichtführer ein Arbeiter zu verstehen, der einem oder mehreren Arbeitern (Arbeitsgruppe) vorsteht bzw. der die Verantwortung für die während seiner Schicht anfallenden Aufgaben trägt, ohne dass ihm jemand unterstellt ist (vgl. BAG Urteil vom 31. August 1988, AP Nr. 5 zu § 21 MTL II).

Nach diesem Grundsatz können zumindest alle koordinierenden und kontrollierenden Aufgaben im Rahmen der Schichtführung zu einem Arbeitsvorgang zusammengefasst werden (Einzeltätigkeiten unter lfd. Nrn. 7.–9., 11., 13.–16., 18., 19.).

6.7 Fazit

65 | t | **38. These:** Die Bildung von Arbeitsvorgängen stellt (nach wie vor) eine (alte und neue) Herausforderung für die Praxis dar!

Bei der Bildung von Arbeitsvorgängen kommt es durch die Focusierung auf das Arbeitsergebnis sehr stark auf den Aufgabenzuschnitt und die Vorhersehbarkeit der Arbeitsanforderungen bei den einzelnen Aufgaben an.

Diesen Grundsatz verfolgt das BAG in ständiger Rechtsprechung konsequent, wenn es regelmäßig prüft, ob die ggf. unterschiedliche Wertigkeit von Einzeltätigkeiten erst im Rahmen der Bearbeitung durch den Beschäftigten selbst festgestellt und entsprechend umgesetzt werden muss oder ob durch entsprechende organisatorische Regelungen, der Mitarbeiter von vornherein nur bestimmte (Routine-)fälle bearbeiten muss (vgl. BAG Urteil vom 18. Mai 1994, AP Nr. 178 und BAG Urteil vom 7. Juli 2004, AP Nr. 297 zu § 22 BAT 1975).

7. Kapitel: Zeitanteile

7.1 Tarifliche Grundlagen der Zeitermittlung

t	**39. These:** Jedem Arbeitsvorgang sind Zeitanteile zuzuordnen.

66

Wie bereits dargestellt soll es an den Grundlagen der Eingruppierung wie sie in § 22 BAT definiert werden, keine wesentlichen Änderungen geben. Die tarifliche Grundlage zur Ermittlung von Zeitanteilen wird in § 22 BAT so näher bestimmt:

> »...(2) ...Die gesamte auszuübende Tätigkeit entspricht den Tätigkeitsmerkmalen einer Vergütungsgruppe, wenn **zeitlich mindestens die Hälfte der Arbeitsvorgänge anfallen,** die für sich genommen die Anforderungen eines Tätigkeitsmerkmals oder mehrerer Tätigkeitsmerkmale dieser Vergütungsgruppe erfüllen ...«

(Hervorhebung durch die Verfasser)

Es sind also für jeden Arbeitsvorgang Zeitanteile zu bestimmen.

t	**40. These:** Es existieren unterschiedliche betriebswirtschaftliche Grundlagen der Zeitermittlung.

Tarifkonform sind Methoden wie sie auch bei Organisationsuntersuchungen zur Personalbedarfsbemessung eingesetzt werden:

1. qualifizierte Schätzung
2. Selbstaufschreibung
3. Multimomentaufnahme
4. Laufzettelverfahren.

§	Wenn nicht auf statistische Daten zurückgegriffen werden kann, muss der tatsächliche Arbeitsanfall über einen ausreichend langen Zeitraum festgestellt werden (so z. B. BAG Urteil vom 18. Mai 1994, AP Nr. 5 zu § 22 BAT Datenverarbeitung).

Bestimmung der Zeitanteile im TVöD/TV-L

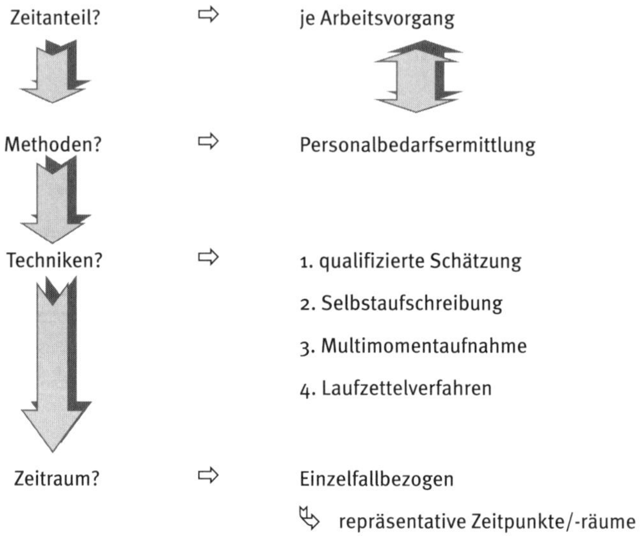

(Quelle: IPW – Institut für PersonalWirtschaft GmbH)

Der Begriff des »tatsächlichen Arbeitsanfalls« kann aber nicht so ausgedeutet werden, dass für die Bestimmung des Zeitanteils ausschließlich die tatsächlich ausgeübte Tätigkeit maßgeblich ist. Für die sachgerechte Ermittlung des Zeitanteils gilt es vielmehr zu berücksichtigen, dass nach den tariflichen Bestimmungen die »auszuübende« Tätigkeit maßgeblich ist und nicht die »ausgeübte«. Auszuübende Tätigkeit ist die Gesamtheit aller Aufgaben, die dem Beschäftigten vom Arbeitgeber im Rahmen des Arbeitsvertrages bzw. im Rahmen des Direktionsrechts übertragen werden (vgl. BAG Urteil vom 18. Mai 1994, AP Nr. 5 zu § 22 BAT Datenverarbeitung m. w. N.).

Diese Aufgabenverteilung wird regelmäßig in Form von Stellenbeschreibungen dokumentiert und dem Stelleninhaber zur Kenntnis gegeben. Sind in diesen auch Zeitanteile vermerkt, muss der Beschäftigte im Einzelnen vortragen, aus welchen Umständen sich konkret der höhere Zeitbedarf ergibt. Ein pauschaler Verweis, dass die Zeitanteile schon seit Beginn der Beschäftigung nicht stimmen, reicht nicht aus (vgl. LAG Niedersachsen Urteil vom 29. April 2002, 8 Sa 1049/01 E, zit. nach Hofmann 2009, A 290 XIX.).

Hingegen spielt die tatsächlich ausgeübte Tätigkeit keine Rolle, soweit sie nicht wirksam durch den Arbeitgeber bzw. ein dazu ausdrücklich befugtes Organ des Arbeitsgebers übertragen wurde (vgl. BAG Urteil vom 5. Mai 1999, AP Nr. 268 zu § 22 BAT 1975).

Bestehen also Differenzen zwischen Beschäftigtem und Arbeitgeber zur Verteilung der Arbeitszeit auf die einzelnen Arbeitsvorgänge, muss im Sinne der abgestuften Darlegungs- und Beweislast zunächst der Beschäftigte substantiiert vortragen – also unter sachgerechter Anwendung der o. g. Techniken – warum die vom Arbeitgeber in Form von Zeitanteilen vorgegebenen Bearbeitungszeiten nicht sachgerecht sind.

Gelingt dem Arbeitnehmer die Beweisführung und bestreitet der Arbeitgeber die so vom Beschäftigten ermittelten Zeitanteile muss der Arbeitgeber begründen, auf welcher personalwirtschaftlichen Grundlage (sachgerechte Anwendung der o. g. Techniken) die Vorgabezeiten zustande kamen. In diesem Fall kann er nicht mit »Nichtwissen« bestreiten, worin die auszuübende Tätigkeit besteht. Denn dazu zählt nicht nur die übertragenen Tätigkeiten an sich, sondern auch deren zeitliche Verteilung (vgl. BAG Urteil vom 19. März 2003, Az.: 4 AZR 336/02, NZA 2004, S. 400; LAG Niedersachsen Urteil vom 29. April 2002, Az.: 8 Sa 1049/01 E, zit. nach Hofmann 2009, A 290 XIX.).

> Um diesen Nachweis zu erbringen, bedarf es also einer sachgerechten Anwendung der o. g. betriebswirtschaftlichen Techniken zur Bestimmung der Zeitanteile, mit denen wir uns im Folgenden näher auseinandersetzen.

7.2 Betriebswirtschaftliche Grundlagen der Zeitermittlung

7.2.1 Qualifizierte Schätzung

Bei der qualifizierten Schätzung erfolgt keine Erfassung von Bearbeitungszeiten. Der 67
für die Erledigung der Arbeitsaufgaben erforderliche zeitliche Aufwand wird vielmehr auf Basis von Erfahrungswerten aus der Vergangenheit festgesetzt. Dabei werden die vorhandenen Erfahrungswerte analysiert und daraus die Bearbeitungszeiten für die Gegenwart und die Zukunft gewonnen.

> Diese Technik erfordert entsprechend fundierte Erfahrungswerte des Schätzers sowohl über die zu bearbeitenden Sachverhalte als auch die darauf basierenden Prozessabläufe.

Aus organisatorischer Sicht kommt dieses Verfahren nur dann zum Einsatz, wenn eine genauere Ermittlungstechnik aufgrund von betrieblichen Gegebenheiten nicht möglich bzw. eine hundertprozentig präzise Datenbasis nicht zwingend erforderlich ist.

(vgl. Remitschka in Frese 1992, S. 608)

Qualifizierte Schätzung

Vorgehen: Bestimmen des Zeitanteils auf Basis von Erfahrungswerten aus der Vergangenheit

Grundlage: fundierte Erfahrungswerte des Schätzers über

⇨ zu bearbeitende Sachverhalte

und

⇨ Prozessabläufe

Anwendung: genauere Ermittlungstechniken wegen

↳ betrieblicher Gegebenheiten nicht möglich

bzw.

↳ präzise Datenbasis nicht zwingend erforderlich

(Quelle: IPW – Institut für PersonalWirtschaft GmbH)

7.2.2 Selbstaufschreibung

68 Die Selbstaufschreibung umfasst das Erstellen von Arbeitsaufzeichnungen unmittelbar durch den Stelleninhaber. Er dokumentiert selbst seine täglich durchgeführten Arbeiten in zeitlicher Abfolge. Dies erfolgt regelmäßig formulargebunden in sog. Arbeitstagebüchern bzw. Tagesberichten. Damit diese Eigenerfassungen verwertbar sind, sind die folgenden Mindestbedingungen zu erfüllen:

- Anfangs- und Endzeitpunkte für die im Einzelnen erfassten Tätigkeiten müssen klar erkennbar sein. Es sind also Von-bis-Zeiten anzugeben.
- Bei der Erfassung ist zusätzlich darauf zu achten, dass gleiche Tätigkeiten auch immer mit dem gleichen Tätigkeitswort gekennzeichnet werden und Tätigkeiten nicht einmal zusammengefasst und einmal getrennt erfasst werden.

(vgl. Remitschka, in Frese 1992, S. 606 ff.; Wittlage 1993, S. 71 ff. m. w. N.)

Beispiele:

- Beschreibung gleicher Tätigkeiten immer mit dem gleichen Tätigkeitswort
  Rechnungsprüfung – Rechnungsbearbeitung

- Keine unterschiedliche Zergliederung der übertragenen Tätigkeiten in Einzeltätigkeiten
  Kopieren und Ablegen der Akten – Kopieren der Akten, Ablage der Akten

> Deshalb sind die zu erfassenden Tätigkeiten und ihre Zergliederung in Einzeltätigkeiten (Verrichtungen) vor der Erfassung vorzugeben.

Der Organisationsbereich muss – unter Beachtung des Zwecks der Untersuchung – vor der Zeiterfassung bestimmen, für welche Einzeltätigkeiten bzw. Aufgaben gesonderte Zeiterfassungen erforderlich sind.

Aus tariflicher Sicht sind getrennte Zeitanteile je Arbeitsvorgang erforderlich (vgl. § 22 BAT). Dem Beschäftigten muss also vor Beginn der Aufschreibung klar sein, aus welchen Arbeitsvorgängen seine Tätigkeit besteht und welche Einzeltätigkeiten zum jeweiligen Arbeitsvorgang gehören. Die zu erfassenden Arbeitsvorgänge mit ihren Einzeltätigkeiten (Arbeitsschritte einschließlich Zusammenhangstätigkeiten) werden dem Mitarbeiter dementsprechend vorab in Form von Erfassungsbögen zur Verfügung gestellt.

Selbstaufschreibung

Vorgehen: Dokumentation der täglich durchgeführten Arbeiten
durch den Mitarbeiter selbst
in zeitlicher Abfolge

Grundlage: Erfassungsbögen
mit Vorgabe der zu erfassenden Tätigkeiten
↳ gegliedert nach Arbeitsvorgängen und Arbeitsschritten

Beispiel:

Arbeitstagebuch			Datum:
Stelle: ‹Funktionsbezeichnung›			Blatt ‹› von ‹›
Beginnzeit	Endzeit	Nr. des AV und des Arbeitsschritts	Bemerkungen
08.00	08.20	1. 1.2	
08.20	08.50	2. 2.5	

(Quelle: IPW – Institut für PersonalWirtschaft GmbH)

Dabei kann für ständig wiederkehrende Aufgaben, z. B. Telefonate, Kundenanfragen, die häufig am Tag anfallen und nur wenig Zeit in Anspruch nehmen (bis ca. fünf Minuten) eine Einzelzeitaufnahme mit anschließender Strichlistenführung vorgenommen werden (in Anlehnung an Wittlage 1993, S. 74 m. w. N.).

Damit die Selbstaufschreibung für die Ermittlung von Zeitanteilen verwertbar ist, empfiehlt sich vor Beginn der Erhebung eine umfassende Information und Einweisung der Beschäftigten in diese Erhebungstechnik. Die ersten Aufzeichnungen sollten nach ca. einer Woche überprüft werden, um festzustellen, ob die Erhebung tatsächlich sachgemäß vorgenommen wird und damit die Auswertbarkeit sichergestellt ist. Sind Änderungen notwendig, sind diese zum besseren Verständnis und damit zum Absichern der sachgerechten Anwendung den Beschäftigten mitzuteilen und zu erläutern.

7.2.3 Multimomentaufnahme

69 Im Gegensatz zur Selbstaufschreibung handelt es sich bei der Multimomentaufnahme nicht um eine Vollerhebung von Bearbeitungszeiten sondern um ein Stichprobenverfahren.

Die Organisationslehre stellt zwei Formen von Multimoment-Verfahren für den Anwender bereit:

1. Multimoment-Häufigkeitszählverfahren (MMH)
2. Multimoment-Zeitmessverfahren (MMZ).

Beiden Verfahren gemein ist, dass zu zufällig bestimmten Zeitpunkten stichprobenartige Kurzzeitbeobachtungen von Vorgängen oder Größen beliebiger Art durchgeführt werden. Diese Vorgänge oder Größen können für eine frei wählbare Genauigkeit mit einer statistischen Datensicherheit von 95% ermittelt werden.

Das Multimoment-Häufigkeitszählverfahren (MMH) dient der Ermittlung der absoluten oder prozentualen Häufigkeit von Vorgängen (z. B. Tätigkeiten) oder Größen (z. B. Bearbeitungsmengen) in Bezug auf die gesamte Erhebungsperiode (z. B. ein Arbeitstag). Mit ihm kann beispielsweise die Gesamtbearbeitungsdauer einer bestimmten Tätigkeit, aber auch ihr Zeitanteil im Verhältnis zur gesamten Erhebungsperiode ermittelt werden.

Um entsprechend statistisch gesicherte Zeit- oder Mengenangaben zu erhalten, wird in Abhängigkeit von der gewünschten Datengenauigkeit die dazu erforderliche Anzahl von Augenblickbeobachtungen mit Hilfe der sog. MMH-Hauptformel oder annäherungsweise unter Anwendung des sog. Nomogramms ermittelt.

Auf Basis der so erhobenen Stichproben wird mit Hilfe der Wahrscheinlichkeitsrechnung die Gesamtheit der Zeiten oder Mengen berechnet.

	Dementsprechend ist der Einsatz des Multimoment-Häufigkeitszählverfahrens um so effizienter, je mehr Stellen mit gleichem Aufgabenprofil in der Untersuchung zusammengefasst werden. Für wenige bzw. Einzelstellen ist diese Erhebungsmethode hingegen weniger geeignet.

Multimoment-Häufigkeitszählverfahren (MMH)

Vorgehen: Stichprobenverfahren
Ableiten statistisch gesicherter Zeit- oder Mengenangaben aus vielen Augenblickbeobachtungen mittels Wahrscheinlichkeitsrechnung

Grundlage:
1. katalogmäßige Erfassung der zu beobachtenden Tätigkeiten
2. Bestimmen der jeweils erforderlichen Anzahl von Augenblicksbeobachtungen
3. Festlegen der Beobachtungszeitpunkte nach Zufälligkeit

Anwendung: Aufnahmekatalog

(Quelle: IPW – Institut für PersonalWirtschaft GmbH)

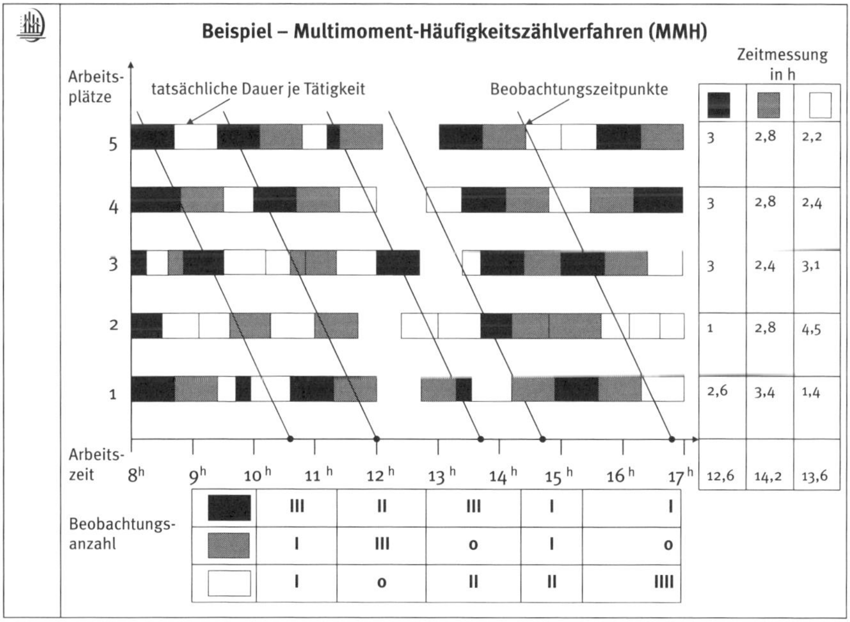

(in Anlehnung an Wittlage 1993, S. 92 m. w. N.)

Das Multimoment-Zeitmessverfahren (MMZ) dient hingegen vorrangig der Ermittlung der Zeitdauer von unregelmäßig oder langzyklisch auftretenden Einzel-Vorgängen oder -Größen. Mit Hilfe des MMZ kann beispielsweise die durchschnittliche Zeitdauer eines Telefonates oder eines Prüfvorgangs ermittelt werden, ohne die Zeitdauer des Telefonats bzw. des Prüfvorgangs selbst ermitteln zu müssen.

Dazu werden zu bestimmten Beobachtungszeitpunkten Tätigkeiten und die konkreten Uhrzeiten minutengenau erfasst. Um die nicht bekannte Dauer der Tätigkeit zu ermitteln, werden Näherungswerte mittels Wahrscheinlichkeitsrechnung berechnet. Dazu werden je Tätigkeit vier Zeitmesspunkte (t_1 bis t_4) bestimmt.

1 Zeitmesspunkt vor der Tätigkeit (t_1)

2 Zeitmesspunkte während der Tätigkeit (t_2 und t_3)

1 Zeitmesspunkt nach der Tätigkeit (t_4)

Die sich aus den Zeitmesspunkten ergebenden Beobachtungsintervalle (b bis d) dürfen nicht größer sein als die Hälfte des kleinsten beobachteten Vorgangs/Tätigkeit. Die Dauer dieses Vorgangs/Tätigkeit muss geschätzt werden.

Multimoment-Zeitmessverfahren (MMZ)

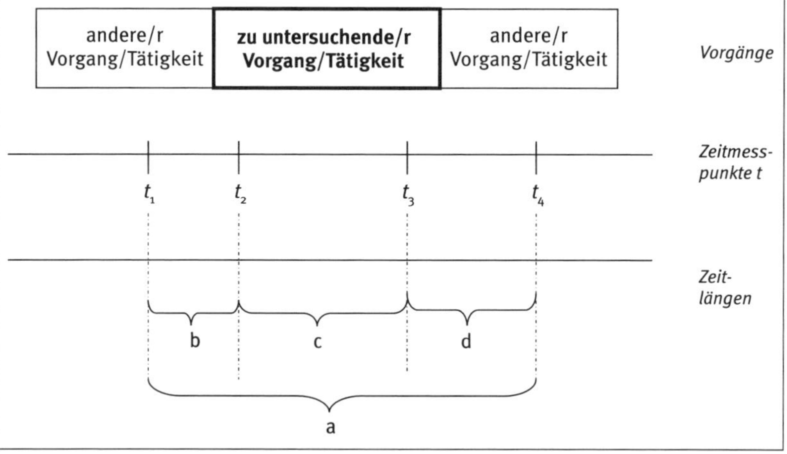

(in Anlehnung an Wittlage 1993, S. 96 m. w. N.)

Aus den so erfassten Zeiten und Tätigkeiten lässt sich dann mittels statistischen Näherungsrechnungen der Zeitumfang für den Einzelvorgang/die Einzeltätigkeit ermitteln.

Diese umfangreichen Rechenverfahren sind nur beim Einsatz entsprechender Erfassungs- und Berechnungssoftware wirtschaftlich.

7.2.4 Laufzettelverfahren

70 Beim Laufzettelverfahren handelt es sich – im Gegensatz zu den drei vorgenannten Techniken – um eine objektorientierte Form der Zeiterfassung. Dabei werden Weg, Be-

arbeitungs- und Durchlaufzeiten eines Bearbeitungsfalls (z. B. einer Akte, eines Antrags, eines Werkstücks) mittels eines angebrachten Zettel ermittelt. Nach einem längeren Erhebungszeitraum (z. B. einem Monat) werden die Daten ausgewertet.

Laufzettelverfahren

Vorgehen: objektorientiert
detaillierte Ermittlung von Weg, Bearbeitungs- und Durchlaufzeiten eines Bearbeitungsfalls
(z. B. Akte, Antrag, Werkstück)

Anwendung: Laufzettel

Beispiel:

Laufzettel						
Bearbeitungsfall: *‹Bezeichnung›*			Eingang: *‹Datum›*			
Organisations-einheit	Bearbeiter	Tätigkeit	Zeiterfassung (Datum, Uhrzeit)			
			Eingang	Bearbeitungsbeginn	Bearbeitungsende	Ausgang

(vgl. Vorschlag des BMI unter http://www.orghandbuch.de/cln_108/nn_471160/Organisations-Handbuch/DE/Anhang/Praxisbeispiele/laufzettel__erheb__text.html?__nnn=true)

Für die praktische Umsetzung der Verfahren ergeben sich zwei zentrale Fragen:
1. Welche Erhebungstechnik ist geeignet?
2. Wie erfolgt die Bestimmung eines repräsentativen Erhebungszeitraumes?

Wittlage 1993, S. 92 ff.

7.3 Praktische Umsetzung

7.3.1 Auswahl der Erhebungstechnik

Bei der Auswahl der Erhebungstechnik ist die Frage zu beantworten, welche der oben 71
vorgestellten Techniken im (Einzel-)Fall zweckmäßigerweise anzuwenden ist.

7.3.1.1 Qualifizierte Schätzung

Die qualifizierte Schätzung kann als ausreichend angesehen werden, wenn über die Schätzergebnisse keine Differenzen zwischen der personalbewirtschaftenden Stelle (i. d. R. Personalleitung) und der schätzenden Fachabteilung zu erwarten sind.

7.3.1.2 Selbstaufschreibung

Die Selbstaufschreibung birgt die größte Gefahr der Manipulation, da sie durch den Beschäftigten und in der Regel ohne Kontrolle durch die personalbewirtschaftende Stelle vorgenommen wird.

Hinzukommt, dass im Rahmen von Organisationsuntersuchungen und Personalbedarfsermittlungen mit der Technik der Selbstaufschreibung der Ist-Zustand erhoben wird. Daraus – und aus weiteren organisatorischen Erkenntnissen zum Ist-Zustand – werden zweckmäßige und wirtschaftliche Vorschläge zur Verbesserung der Organisation entwickelt und erprobt. Sind die Verbesserungsvorschläge in der Praxis aus betriebsorganisatorischer und wirtschaftlicher Sicht umsetzbar, werden auf der Grundlage der optimierten Abläufe erneute Zeiterfassungen vorgenommen um abschließende Sollzeiten zur Ermittlung des quantitativen Personalbedarfs zu bestimmen. Demnach ist die Selbstaufschreibung als reine Ist-Erfassung und ohne nachgehende Analyse keine eigenständige und abschließende Technik zur Bestimmung des Personalbedarfs im Rahmen von Organisationsuntersuchungen (vertiefend zum systemischen und technischen Vorgehen: Wittlage 1993, S. 71 ff. m. w. N.).

Für die tarifliche Praxis stellt sich damit neben der hohen Manipulierbarkeit zusätzlich die Frage, ob für die Bestimmung der Zeitanteile zur Feststellung der tarifkonformen Eingruppierung die Selbstaufschreibung des Beschäftigten ausreicht, wenn der Arbeitgeber selbst keine eigenen Ermittlungen anstellt bzw. angestellt hat. Diese Problematik wurde – soweit ersichtlich – noch nicht abschließend gerichtlich bewertet und entschieden. In der Rechtsprechung geklärt ist allerdings zumindest, dass der Arbeitgeber in den Fällen selbst zeitermittelnd tätig werden muss, in denen er die Angaben des Beschäftigten als nicht sachgerecht bestreitet (vgl. BAG Urteil vom 19. März 2003, Az.: 4 AZR 336/02, NZA 2004, S. 400).

Trotz dieser Problematiken ist es in der Praxis eine weit verbreitete Technik zur Ermittlung von Zeitanteilen.

7.3.1.3 Multimomentaufnahme

Das MMH-Verfahren ist nur geeignet für Bereiche, in denen relativ wenig verschiedene immer wiederkehrende Tätigkeiten in großer Anzahl durchgeführt werden (= Routinetätigkeiten). Zu diesen Bereichen zählen: Bezügerechnung, Buchhaltung, Sekretariatsarbeiten. In Bereichen mit sich kaum wiederholenden, zeitintensiven Tätigkeiten (= planende, beratende, kreative Tätigkeiten) ist dieses Verfahren hingegen ungeeignet, wenn dann kann bei entsprechendem EDV-Einsatz für diese Tätigkeiten das MMZ-Verfahren eingesetzt werden.

7.3.1.4 Laufzettelverfahren

Aufgrund der objektorientierten Ausrichtung des Laufzettelverfahrens ist diese Technik am wenigsten für die Ermittlung von Zeitanteilen geeignet. Hauptgrund ist, dass im Rahmen der Eingruppierung die Ermittlung von Zeitanteilen unmittelbar an den Begriff des Arbeitsvorgangs geknüpft ist. Die Bildung von Arbeitsvorgängen erfolgt aber regelmäßig nicht objektorientiert. Von diesem Grundsatz sind Ingenieurstellen im Bereich der Bauunterhaltung, Bauleitplanung und Bauantragsprüfung auszunehmen. Hier sieht die Rechtsprechung i. d. R. eine objektorientierte Bildung von Arbeitsvorgängen vor (vgl. Hofmann 2009, A 328, VIII., X.).

7.3.2 Bestimmung des Erhebungszeitraums

Die Dauer für die Ermittlung der Zeitanteile ist unabhängig von den oben vorgestellten Techniken (Voll- oder Stichprobenverfahren) einzelfallbezogen zu bestimmen. 72

Der Erfassungszeitraum ist abhängig davon, zu welchen Zeitpunkten (bestimmte Tage, Wochen oder Monate) und in welchem Zeitablauf (monatlich, viertel-, halbjährlich, 1 oder 2 Jahreszeitraum) alle auf Dauer auszuübenden Tätigkeiten in repräsentativem Umfang angefallen sind. Zeitraum und Zeitpunkt der Erhebung müssen so gewählt sein, dass nicht nur alle Tätigkeiten überhaupt zu erledigen waren (= Arbeitsanfall), sondern auch die jeweiligen Arbeitsmengen typisch sind. Über- oder unterjährige Schwankungen im Arbeitsanfall und der Arbeitsmenge sind durch unterschiedliche Erhebungszeitpunkte und -räume entsprechend auszugleichen.

Klassisch sind solche Unterschiede im Arbeitsanfall bei Aufgaben der Haushaltsplanung und des Jahresabschlusses. Für die Bestimmung geeigneter Termine zum Beginn und zur Dauer der Zeitermittlung kann für das obige Beispiel wie folgt vorgegangen werden:

Beispiel:

Lfd. Nr.	auszuübende Tätigkeit	Hauptbearbeitungszeiträume	Zeitpunkt und Zeitdauer der Erhebung
1.	Haushaltsplanung	November bis Februar	Zeitpunkt und -dauer: November bis Februar, um alle durch interne Abstimmungsprozesse bedingte Schwankungen abzudecken
2.	Laufende Buchhaltung	ganzjährig ohne nennenswerte Schwankungen	Zeitpunkt: zwischen April und November Dauer: vier Wochen, da die laufende Buchhaltung i. d. R. keine starken Schwankungen aufweist
3.	Jahresabschluss	Dezember bis März	Zeitpunkt und -dauer: Dezember bis März, um alle durch interne Abstimmungsprozesse bedingte Schwankungen abzudecken

(Quelle: IPW – Institut für PersonalWirtschaft GmbH)

Die Frage nach geeigneten Erhebungszeitpunkten und -zeiträumen wurde bei Eingruppierungsprozessen nur selten konkretisiert:

1. Unterliegen die Tätigkeiten ihrem Schwierigkeitsgrad her Schwankungen, kann der Zeitraum zur Erfassung der Zeitanteile sechs Monate und mehr betragen (vgl. BAG AP Nr. 2 zu § 22 BAT).
2. Für die Ermittlung des Zeitanteils für eine Abwesenheitsvertretung ist der gewählte Erfassungszeitraum (hier sieben Monate) dann nicht repräsentativ, wenn in dieser Zeit ca. 83 % aller Urlaubstage des zu Vertretenden anfallen (vgl. LAG Hamm 10. 02. 1999, Az.: 18 Sa 837/98, EzBAT §§ 22, 23 BAT B. 1 Allgemeiner Verwaltungsdienst VergGr. IVb Nr. 20).

Neben diese organisatorischen Fragen treten die aus rechtlicher Sicht zu beachtenden Aspekte.

7.4 Rechtlicher Rahmen

73 Aus individualrechtlicher Sicht stellt sich die Frage, ob und auf welcher Grundlage der Arbeitgeber Zeiterfassungen einseitig anordnen kann.

Dabei sind grundsätzlich zwei Fallgestaltungen zu unterscheiden:

a) Aufforderung zur Zeiterfassung im Rahmen des normalen Dienstbetriebes
b) Aufforderung zur Zeiterfassung im Rahmen gerichtlich ausgetragener Eingruppierungsstreitigkeiten

zu a) Aufforderung zur Zeiterfassung im Rahmen des normalen Dienstbetriebes

Das BAG (vgl. BAG Urteil vom 19. April 2007, AP Nr. 77 zu § 611 BGB – Direktionsrecht) hat klargestellt, dass der Arbeitgeber Arbeitsaufzeichnungen ggü. dem Arbeitnehmer anordnen kann. Dazu ist er im Rahmen seines Direktionsrechts berechtigt.

Vom Direktionsrecht abgedeckt sind dabei – je nach Zweck der Arbeitsaufzeichnungen – auch unterschiedliche Qualitäten von Arbeitsaufzeichnungen:

1. Zweck: Nachweis der erbrachten Arbeitsleistung (siehe Richter/Gamisch 2009b, S. 114)

Täglicher Tätigkeitsbericht: Datum:		
Uhrzeit	Tätigkeit	Anzahl der bearbeiteten Vorgänge

2. Zweck: Erstellen einer Stellenbeschreibung und -bewertung

Tägliche Arbeitsaufzeichnungen über vier Wochen anhand eines noch umfangreicheren Formulars wie oben, insbesondere mit Einzelzeitangaben in Minuten für jeden zu bearbeitenden Einzelfall.

zu b) Aufforderung zur Zeiterfassung im Rahmen gerichtlich ausgetragener Eingruppierungsstreitigkeiten

Im Rahmen gerichtlicher Auseinandersetzungen hat das BAG wiederholt entschieden, dass der Angestellte zur Schlüssigkeit seines Klagevortrags nicht verpflichtet ist, tagebuchähnliche Aufzeichnungen über die Einzelheiten seiner Tätigkeiten und deren zeitlicher Verteilung o. ä. zu führen, da diese für sich allein – wie jede Parteierklärung im Zivilprozess – grundsätzlich keinen Beweiswert haben, zumal es sich dabei um Privaturkunden (§ 416 ZPO) und nicht etwa öffentliche Urkunden (§ 417 ZPO) handelt. (vgl. BAG Urteil vom 28. März 1979, AP Nr. 19 und BAG Urteil vom 24. September 1980, AP Nr. 36 beide zu § 22 BAT 1975).

Davon unberührt steht das Recht des Arbeitgebers im Rahmen seines Direktionsrechts entsprechende Arbeitsaufzeichnungen zu verlangen. Dabei ist – soweit ersichtlich – die Frage, ob er dies erstmals auch im Rahmen laufender Eingruppierungsklagen kann, bisher nicht entschieden.

Zu den kollektivrechtlichen Rahmenbedingungen s. 14. Kapitel.

7.5 Fazit

t	**41. These:** Die Zeit des Übergangs sollte genutzt werden, um Zeitanteile zu ermitteln!

74

Für die Feststellung der tarifkonformen Eingruppierung spielt die sachgerechte Ermittlung von Zeitanteilen eine wesentliche Rolle. Daran wird auch das neue Eingruppierungsrecht nichts ändern, da über die Beibehaltung der Grundregeln des § 22 BAT unter den Tarifvertragsparteien bereits Einigkeit besteht. So ist auch in der neuen Eingruppierungswelt die mindestens zur Hälfte auszuübende – nach Arbeitsvorgängen gegliederte – Tätigkeit maßgeblich.

In der Praxis erfolgt die Ermittlung von Zeitanteilen – insbesondere außerhalb des kommunalen Bereichs – aufgrund fehlender Benchmarks und der recht hohen Kosten und Aufwendungen für die Zeiterfassung weit überwiegend durch (qualifizierte) Schätzung oder Selbstaufschreibung.

8. Kapitel: Die zentrale Rolle der Stellenbeschreibung

8.1 Begriffsbestimmung

75 Die Stellenbeschreibung zählt zu den umstrittenen Instrumenten personalwirtschaftlicher Arbeit. Für Kritiker hat sie längst ausgedient: von unnötig, bürokratisch und kostenintensiv bis hin zu den Wandel behindernd reichen die Argumente (vgl. Fischer/Reihsner 2002, S. 53 ff. m. w. N.; Arnold 2009, S. 6). Befürworter verweisen auf ihre zentrale Rolle als Organisations- und Führungsmittel und der Möglichkeit des selbständigen Arbeitens für den Stelleninhaber (vgl. Knebel/Schneider 2006, S. 12 ff.; Schwarz 1995, S. 25 ff.). Allen Diskussionen gemein ist ihre rein betriebswirtschaftlich bzw. arbeits- und organisationspsychologische Ausrichtung, die wesentliche Besonderheiten des öffentlichen Dienstes übersieht.

t	**42. These:** In jedem Fall benötigt der Arbeitgeber des öffentlichen Dienstes Stellenbeschreibungen.

Die Sinnfrage stellt sich aufgrund (tarif-)rechtlicher Vorschriften nicht. Die Eingruppierungsvorschriften des § 22 BAT i. V. m. TVöD/TV-L machen Stellenbeschreibungen aus tarifvertraglicher Sicht erforderlich (vgl. Richter/Gamisch 2009b, S. 33).

Die Stellenbeschreibung fixiert schriftlich die organisatorische Eingliederung einer Stelle im Hinblick auf

- Ziele
- Aufgaben
- Kompetenzen
- Beziehungen zu anderen Stellen (vgl. Richter/Kaufmann, AuA 7/2004, S. 25).

	In ihrer Reinform ist sie eine ausschließlich stellenspezifische (= sachbezogene) und nicht mitarbeiterbezogene (= personenbezogene) Form der Dokumentation von Aufbau- und Ablauforganisation (vgl. BAG Urteil vom 12. Dezember 1995, Az.: 1 ABR 31/95, AuR 1996, S. 280).

Die Ausführung der Aufgaben der öffentlichen Hand erfolgt in den Dienststellen regelmäßig durch zwei Beschäftigtengruppen: Tarifbeschäftigte und Beamte.

8.2 Rechtliche Vorgaben zur Stellenbeschreibung im öffentlichen Dienst

t	**43. These:** Das Tarifrecht macht für den Aufbau und den Inhalt einer Stellenbeschreibung Vorgaben, die es zu beachten gilt.

76

Für Tarifbeschäftigte enthält im Wesentlichen § 22 Abs. 2 S. 2 BAT i.V.m. TVöD/TV-L diese für die Stellenbeschreibung im öffentlichen Dienst maßgeblichen Regelungen (zu den Besonderheiten der Entgeltgruppe 1 s. S. 57 ff.):

- »Die **gesamte** (nicht nur vorübergehend) **auszuübende Tätigkeit** entspricht den Tätigkeitsmerkmalen einer Entgeltgruppe, wenn
- **zeitlich** mindestens zur Hälfte
- **Arbeitsvorgänge** anfallen,...«.

Für die Beamten sind die rechtlichen Grundlagen der Arbeitsbewertung wesentlich pauschaler. Sie finden sich im reformierten Bundesbeamtengesetz bzw. in den neuen Landesbeamtengesetzen. Soweit Neuregelungen auf Landesebene noch nicht bestehen, ist das Bundesbesoldungsgesetz (BBesG) weiterhin anzuwenden. Dies regelt im Wesentlichen in:

1. § 18 BBesG den Grundsatz der funktionsgerechten Besoldung
2. § 23 BBesG die laufbahnbezogenen Eingangsämter und
3. § 26 BBesG die laufbahnbezogenen Obergrenzen für Beförderungsämter

Die Ausgestaltung dieser Grundsätze liegt im Gestaltungsspielraum des Dienstherrn (vgl. OVG Münster Urteil vom 29. Oktober 1982, Az.: 15 A 2037/79; BVerwG Urteil vom 31. Mai 1990, RiA 1992, S. 85 f.). Diese Gestaltungsfreiheit wird regelmäßig durch ein analytisches Bewertungsverfahren ausgefüllt (zum analytischen Bewertungsverfahren s. a. S. 27 f.).

	Im Stellenbeschreibungsformular der Dienststelle gilt es beide Bewertungsformen ausreichend zu berücksichtigen, wie das folgende Formular beispielhaft zeigt.

8.3 Aufbau und Inhalt einer Stellenbeschreibung im öffentlichen Dienst

Über die allgemeingültige Mindestdefinition der Inhalte einer Stellenbeschreibung ergeben sich aufgrund der o.g. rechtlichen Vorgaben diese Inhalte für die Stellenbeschreibung im öffentlichen Dienst. 77

Vor dem Hintergrund des neuen Tarifrechts für den Sozial- und Erziehungsdienst und des praktischen Bedürfnisses in der Umstellungsphase auch Dienstposten zu erfassen, haben wir unser bewährtes Formular (s. Richter/Gamisch 2009b, S. 119 ff.) fortentwickelt.

8.3.1 Das Formular

78 **Stellenbeschreibung** **Dienststelle**

Teil 1: Allgemeine Angaben

1. **Gefährdungsbeurteilung**

☐ durchgeführt (s. Anhang 1)

2. **Organisatorische Eingliederung der Stelle**

2.1 Organisationseinheit: ____________________
(Fachbereich/Abteilung/Team)

2.2 Bezeichnung der Stelle: ____________________

2.3 Stellennummer: ____________________

2.4 Unterstellung

2.4.1 fachlich: ____________________

2.4.2 disziplinarisch: ____________________
(Angabe der unmittelbar vorgesetzten Stelle)

2.5 Überstellung:
(ständig unmittelbar unterstellte Stellen)

fachlich	*disziplinarisch*	*Anzahl*	*Bezeichnung der Stelle*	*Stellennummer*	*tarifliche Wertigkeit*

3. **Arbeitszeit der Stelle**

☐ Vollzeit ☐ Teilzeit mit ___ Wochenstunden

4. **Ziel(e) der Stelle**

(langfristige Sollvorgabe(n) zum Aufgabenprofil der Stelle im Rahmen der Unternehmensziele)

5. **Erforderliche berufliche Qualifikation (en) und Erfahrung(en)**

(berufsbildender Abschluss, Prüfungen, mehr-/langjährige Berufserfahrung)

Seite 2 – Stellenbeschreibung: Bezeichnung der Stelle, Stellennummer

6. Stellvertretung

6.1 Aktive Stellvertretung *(= der Stelleninhaber vertritt)*:

a) ständig / b) in Abwesenheit	*Bezeichnung der Stelle*	*Stellennummer*	*Vertretungsbereiche (= lfd. Nr. der Tätigkeitsbeschreibung)*	*tarifliche Wertigkeit*

6.2 Passive Stellvertretung *(= der Stelleninhaber wird vertreten durch)*:

a) ständig / b) in Abwesenheit	*Bezeichnung der Stelle*	*Stellennummer*	*Vertretungsbereiche (= lfd. Nr. der Tätigkeitsbeschreibung)*	*tarifliche Wertigkeit*

7. Befugnisse

7.1 Unterschrifts- und Feststellungsbefugnisse:

(Unterschriftsberechtigungen nach innen [wie z. B. Zeichnung der fachtechnischen und sachlichen Richtigkeit] und außen [wie z. B. Handlungsvollmacht, Prokura])

7.2 Entscheidungsbefugnisse:

(Fällen von Sachentscheidungen durch Ausfüllen von Ermessens-, Beurteilungs-, Gestaltungsspielräumen; Durchführen von Abwägungsprozessen)

7.3 Weisungsbefugnisse:

(nur bei Leitungsstellen: Rechte zur Bestimmung des Verhaltens und Handelns der zugeordneten Stellen)

Seite 3 – Stellenbeschreibung: Bezeichnung der Stelle, Stellennummer

8. Tätigkeitsbeschreibung

Lfd. Nr.	**a)** Beschreibung der Tätigkeit/des Arbeitsvorgangs *(Angabe der wesentlichen inhaltlichen Arbeitsschritte und des Arbeitsergebnisses)* **b)** einzusetzende Kenntnisse und Vorschriften *(Angabe der Paragraphen/Abschnitte etc. von Gesetzen, Verordnungen, internen Richtlinien, etc.)*	**Zeitanteil in %**
8.1		
8.2		
8.3		
8.4		
...		

Teil 2: Ergänzende Angaben für Beamtenstellen

9. Dienstliche Beziehungen

Lfd. Nr.	*Beschreibung der wesentlichen dienstlichen Beziehungen unter Angabe der Art der dienstlichen Beziehung (Gespräch oder Verhandlung), ihrer Zielsetzung und Themen (erläuterungsbedürftig oder strittig) sowie den jeweiligen Gesprächs-/Verhandlungspartnern*
8.1	
8.2	

10. Handlungsspielraum

Lfd. Nr.	*Bei welchen Tätigkeiten/Produkten ist der Handlungsspielraum am größten?*
8.1	
8.2	

11. Reichweite und Auswirkungen des Arbeitsverhaltens

Auf wen wirkt sich das Arbeitsverhalten hauptsächlich aus?	
Lfd. Nr.	*Aufzählung der Bereiche oder Personenkreise – ohne Leitungs- und Aufsichtsbereich –, auf die sich das Arbeitsverhalten in der Regel auswirkt*
8.1	
8.2	

Seite 4 – Stellenbeschreibung: Bezeichnung der Stelle, Stellennummer

Teil 3: Personalwirtschaftliche Angaben

12. Erstellt/Aktueller Stand:

Datum: *Ort*, den von: ______________________

(zuständiger Mitarbeiter Personalabteilung)

13. In-Kraft-Treten:

Datum: *Ort*, den Unterschrift: ______________________

(Personalleitung) (Dienststellenleitung)

14. Kenntnisnahme des Stelleninhabers:

Ich habe die von mir regelmäßig auszuübenden Tätigkeiten gemäß vorliegender Stellenbeschreibung zur Kenntnis genommen.

Darüber hinaus erhalte ich die für das Tätigkeitsgebiet relevanten Informationen vom zuständigen Vorgesetzten rechtzeitig und der Situation angemessen.

Mir ist darüber hinaus bekannt, dass ich verpflichtet bin, relevante Informationen dem zuständigen Vorgesetzten rechtzeitig und der Situation angemessen weiterzugeben und auf Weisung des Vorgesetzten Einzelaufträge auszuführen, die dem Wesen nach zu meinem Tätigkeitsgebiet gehören oder sich aus der dienstlichen Notwendigkeit ergeben.

Datum: *Ort*, den Unterschrift: ______________________

(Stelleninhaber)

14. Kenntnisnahme des Vorgesetzten:

Datum: *Ort*, den Unterschrift: ______________________

(vorgesetzte Stelle)

8.3.2 Erläuterungen zum Formular

Teil 1: Allgemeine Angaben 79

1. Gefährdungsbeurteilung

Die Gefährdungsbeurteilung wird in § 5 Abs. 1 ArbSchG vorgeschrieben. Es werden aber weder die Ziele dieses Instruments festgelegt noch ein Verfahren bestimmt. Vielmehr liegt eine sehr flexible Regelung vor, die im Betrieb bzw. in der Dienststelle ausgefüllt und umgesetzt werden muss. Ziel ist weniger eine Dokumentation für Dritte, z. B. die Aufsichtsbehörde. Vielmehr soll vor allem für Arbeitgeber eine interne Arbeitsgrundlage zur Einschätzung von Gefahren geschaffen werden. Hinsichtlich der Durchführung und Dokumentation der Gefährdungsbeurteilung können wir an dieser Stelle nur auf die Literatur zum Arbeitsschutzrecht verweisen.

In dieser wurde die Ansicht vertreten, der Arbeitnehmer hätte keinen vertraglichen Anspruch auf die Durchführung der Gefährdungsbeurteilung (vgl. Kollmer 2008, Rdnr. 114e). Demgegenüber hat das BAG entschieden, dass Arbeitnehmer nach § 5 Abs. 1 ArbSchG i.V.m. § 618 Abs. 1 BGB einen Anspruch auf eine Beurteilung der mit ihrer Beschäftigung verbundenen Gefährdung haben (BAG Urteil vom 12. August 2008, NZA 2009, S. 102 = ZTR 2008, S. 623). Diese Rechtslage wird für den Sozial- und Erziehungsdienst nunmehr in § 2 Abs. 3 der Anlage zu § 56 BT-V bzw. der § 53 Abs. 3 BT-B deklaratorisch wiederholt.

Vor diesem Hintergrund ist es sinnvoll, in der Stellenbeschreibung die Durchführung der Gefährdungsbeurteilung zu dokumentieren.

2. Organisatorische Eingliederung der Stelle

(zu 2.1) Organisationseinheit
Hier ist der offizielle Titel der Organisationseinheit aufzuführen, in der die Stelle angesiedelt ist.

(zu 2.2) Bezeichnung der Stelle
Sie soll verdeutlichen, um welche Art von Stelle (Rang) es sich handelt und welche Aufgabe(n) hauptsächlich übertragen wurde(n). Der Rang verdeutlicht die hierarchische Eingliederung als Leitungs-, Stabs-, Sachbearbeitungs- oder Assistenzstelle.

(zu 2.3) Stellennummer
Die Stellennummer ist Verbindungselement zwischen der rein sachbezogenen Stellenbeschreibung und der Stellenbesetzung, festgehalten im Stellen(besetzungs-)plan.

(zu 2.4) Unterstellung
Bei der Angabe des unmittelbaren Vorgesetzten ist zu berücksichtigen, ob es einen Hauptvorgesetzten gibt oder – wie im öffentlichen Dienst regelmäßig anzutreffen – eine Trennung von fachlicher und disziplinarischer Unterstellung vorliegt.

(zu 2.5) Überstellung
Für ein personalwirtschaftlich aussagefähiges Gesamtbild sollte neben der Nennung der Anzahl mit Stellenanteil und der Funktionsbezeichnung der ständig unmittelbar unterstellten Stellen auch die Stellennummern und die tariflichen Wertigkeiten mit aufgeführt werden. Diese Daten ermöglichen in ihrer Gesamtheit einen Einblick in die quantitative und qualitative Ausstattung des Leitungsbereiches.

3. Arbeitszeit der Stelle

Hier wird der zeitliche Gesamtaufwand für die Erfüllung der an der Stelle angesiedelten Aufgaben dokumentiert, also ob es sich bei der Stelle um eine Vollzeit- oder Teilzeitstelle handelt.

4. Ziel(e) der Stelle

Dabei handelt es sich um die langfristige aufgabenbezogene Sollvorgabe für die Stelle, abgeleitet von der Gesamtaufgabe der Dienststelle. Insoweit besteht kein inhaltlicher

Unterschied zwischen Aufgaben und Zielen (vgl. Schwarz 2995, S. 181; Richter/Kaufmann, AuA 5/2005, S. 282, 285; unklar Steinherr, ZTR 2005,S. 303 ff.).

Das Ziel der Stelle vermittelt in kurzen einführenden Sätzen oder Wortgruppen:

a) Wozu gibt es diese Stelle?
b) Was soll im Ergebnis der Arbeit erreicht werden?

Sie beantwortet damit die Frage, für die Erfüllung welcher Dienststellenaufgaben die Stelle geschaffen worden ist.

5. Erforderliche berufliche Qualifikation(en) und Erfahrung(en)

Dieser Punkt der Stellenbeschreibung soll die Frage beantworten, welche Ausbildung und welche ggf. darauf aufbauenden praktischen beruflichen Erfahrungen ein Stelleninhaber mitbringen muss, um die auf der Stelle angesiedelten Aufgaben und Befugnisse ausfüllen zu können.

6. Stellvertretung

Bei der Stellvertretung unterscheidet man zwischen aktiver und passiver Stellvertretung.

Aus Sicht der Organisationslehre beschreibt die Stellvertretung die neben den einer Stelle zugewiesenen Hauptaufgaben wahrgenommene Vertretung anderer Beschäftigter. Im Gegensatz zur ständigen Vertretung ist hierunter die Vertretung bei Abwesenheit (Urlaub, Arbeitsunfähigkeit, Dienstreisen) des zu Vertretenden zu verstehen. Beide Vertretungsformen sollten entsprechend eindeutig aufgeführt werden.

Die Stellvertretung kann alle oder nur bestimmte Aufgaben umfassen. Um dies zu verdeutlichen, empfehlen wir – neben der Angabe von Funktionsbezeichnung und Stellennummer – die Nennung der Vertretungsgebiete unter Verweis auf die jeweiligen Tätigkeiten bzw. Arbeitsvorgänge in der Tätigkeitsbeschreibung. Die im Einzelnen wahrzunehmenden Aufgaben und Befugnisse hingegen sind als Teil der Befugnisse und der Tätigkeitsbeschreibung des Stelleninhabers zu erfassen.

7. Befugnisse

Die Begriffe »Befugnis« und »Kompetenz« werden in der Organisationslehre synonym verwandt. Sie definieren ausdrücklich zugeteilte Rechte und werden wie folgt klassifiziert:

zu 7.1 **Unterschrifts- und Feststellungsbefugnisse:**

Die Unterschriftsbefugnis (oder auch Verpflichtungsbefugnis) definiert das Recht, im Auftrag oder im Namen der Dienststelle rechtskräftig Verpflichtungen gegenüber Dritten einzugehen. Äußeres Kennzeichen ist die Unterschriftsberechtigung. Im Außenverhältnis wirkt diese durch Handlungsvollmacht bzw. Prokura. Beide Begriffe sind im HGB näher bestimmt (vgl. §§ 48 ff. HGB).

Feststellungsbefugnisse wirken hingegen nach innen, wie z. B. Zeichnung der fachtechnischen und sachlichen Richtigkeit.

zu 7.2 **Entscheidungsbefugnisse:**

Sie kennzeichnen das Recht, bestimmte Entscheidungen zu treffen, die eine Willensbildung und -durchsetzung erfordern (vgl. Steinbuch, Organisation, Ludwigshafen 2000, S. 162). In der Praxis bedeutet dies, dass nur dann Entscheidungsbefugnisse im o. g. Sinne vorliegen, wenn das Fällen von Sachentscheidungen durch Ausfüllen von Ermessens-, Beurteilungs-, Gestaltungsspielräumen bzw. Durchführen von Abwägungsprozessen erforderlich ist. Ja-Nein-Entscheidungen gehören nicht dazu, da die Wahl zwischen richtig und falsch keine echte Willensbildung darstellt.

zu 7.3 **Weisungsbefugnisse:**

Sie berechtigen dazu, das Verhalten (aber auch das Handeln) der zugeordneten Stellen zu bestimmen und sind damit ein typisches Kennzeichen von Leitungsstellen (vgl. Steinbuch 2001, S. 163).

Rechtlich werden sie durch das Direktionsrecht (vgl. § 106 GewO) und die Fürsorgepflicht (vgl. § 241 Abs. 2 BGB) des Arbeitgebers näher bestimmt.

8. Tätigkeitsbeschreibung

t	**44. These:** Das gilt vor allem für die tarifkonforme Sprache.

Sie ist das Kernstück der Stellenbeschreibung. Um den o. g. tariflichen Anforderungen gerecht zu werden, besteht sie aus:

a) Der **Beschreibung der einzelnen Tätigkeiten bzw. Arbeitsvorgänge:**

Es wird jede Tätigkeit/jeder Arbeitsvorgang für sich beschrieben. Die Ausführungen erfolgen arbeitsablauf-/prozessbezogen mit Angabe der wesentlichen (= inhaltlichen) Arbeitsschritte und des Arbeitsergebnisses. Zusammenhangstätigkeiten wie Kopieren, Ablegen und Dokumentieren der Arbeiten können hingegen entfallen, da sie für die inhaltliche Beschreibung der Tätigkeiten eine untergeordnete Rolle spielen. In technischen und sozialen Bereichen kann das anders aussehen, wenn aufgrund von implementierten Qualitäts-Management-Systemen (QM-Systeme) sehr großer Wert auf die Dokumentation der Arbeit gelegt wird bzw. werden (muss). In diesen Fällen sichert eine Standardformulierung wie »einschließlich Dokumentation der Arbeit gemäß QM-Handbuch« diese Anforderungen.

b) Der Darstellung der **einzusetzenden Kenntnisse und Vorschriften:**

Diese sind für jede Tätigkeit/jeden Arbeitsvorgang konkret anzugeben. Das bedeutet, dass die Angabe von Vorschriften mit Nennung der Paragraphen/Abschnitte etc. von Gesetzen, Verordnungen, internen Richtlinien, usw. erfolgen muss. Nur so ist im Rahmen der Bewertung der Stelle sicher zu prüfen, ob die angegebenen Kenntnisse zu den beschriebenen Tätigkeiten passen (können). Die Personalabteilung muss sich damit nicht ausschließlich auf die Angaben der Stelleninhaber und Vorgesetzten verlassen. Zudem ermöglicht die konkrete Angabe der Vorschriften im Rahmen der Bewertung der Stelle eine Prüfung, ob die genannten Regelungen aus sich heraus verständlich oder auslegungsbedürftig sind. Es lassen sich also Rückschlüsse auf Umfang und Schwierigkeit der Fachkenntnisse ziehen.

Bei den einzusetzenden fach- und tätigkeitsspezifischen Kenntnissen sind gemäß der Definition von Fachkenntnissen, alle Kenntnisse anzugeben, die der Beschäftigte benötigt, um die ihm übertragenen Aufgaben sachgerecht erfüllen zu können. Je nach Aufgabengebiet kommen in Frage:

- fachspezifische Kenntnisse wie z. B. betriebswirtschaftliche, pädagogische, erzieherische
- technische Kenntnisse und Fertigkeiten (mit Angabe der Fachrichtung, z. B. bautechnisch oder technische Gebäudeausrüstung)
- handwerkliche Kenntnisse und Fertigkeiten (mit Angabe der Fachrichtung, z. B. elektrotechnisch, bauhandwerklich)
- speziellen (Fachkunde-)Prüfungen (z. B. Zertifikate für die Arbeit unter Spannung bei Elektrikern)
- Sprachkenntnisse
- arbeitsorganisatorische Kenntnisse
- tätigkeitsspezifisches Erfahrungswissen
- PC-Kenntnisse (unabhängig davon, ob sie später bewertungs- und eingruppierungsrelevant sind!), etc.

c) Der Angabe der erforderlichen **Zeitanteile** je Tätigkeit/Arbeitsvorgang.

Trotz der Bedeutung der Zeitanteile und ihrer Ermittlung für die Eingruppierung, haben sich die Gerichte und die Literatur zum Eingruppierungsrecht nur am Rande mit dieser Frage auseinandergesetzt: Grundsätzlich muss der zeitliche Aufwand für jeden Arbeitsvorgang gesondert festgestellt werden. Adäquat sind Methoden, die im Rahmen von Organisationsuntersuchungen zur Ermittlung des Personalbedarfs zum Einsatz kommen (zu den Einzelheiten s. S. 63 ff.).

Teil 2: Ergänzende Angaben für Beamtenstellen

Der Teil 2 spiegelt die unterschiedlichen Bewertungsverfahren von Tarifbeschäftigten und Beamten wider. Hier werden alle die Bewertungsmerkmale erfasst, die (bisher) ausschließlich für die Beamtenstellen zu berücksichtigen sind (zur Dienstpostenbewertung s. Siepmann/Siepmann 2001).

Teil 3: Personalwirtschaftliche Angaben

In der Praxis sind neben den o. g. erforderlichen inhaltlichen Fragen auch personalwirtschaftliche Angaben (Datumsangaben und Unterschriften) von großem Interesse.

Datumsangaben sind zweckmäßig, da zwischen Erfassung, Beschreibung, Abstimmung und Verabschiedung der Stellenbeschreibungen ein zeitlicher Abstand besteht. Aus der Stellenbeschreibung sollte mindestens klar hervorgehen, ab wann diese in Kraft tritt. Darüber hinaus können aus Dokumentationszwecken diese Datumsangaben praktikabel sein: Datum der Erfassung vor Ort, Datum zu Änderungen an der Stellenbeschreibung, Datum der Aushändigung an den Stelleninhaber.

Alle diese Daten halten den Entwicklungsprozess der Stellenbeschreibung transparent. Es ist also an der Dienststelle zu entscheiden, welche davon dokumentiert werden.

Unterschriften sollten zweckmäßigerweise durch den Stelleninhaber, den Ersteller, die Dienststellenleitung und die Personalleitung erfolgen. Mit der Unterschrift sollte immer eine eindeutige Erläuterung verbunden werden, aus welchem Grund sie erfolgt und was mit ihr dokumentiert werden soll:

Mit der Unterschrift der Dienststellen- und Personalleitung als die Arbeitgeber-Vertreter wird die Stellenbeschreibung in Kraft gesetzt. Die Personalabteilung zeichnet als zuständiger Ersteller, der Stelleninhaber und Vorgesetzte für die Kenntnisnahme.

🕮	Richter/Gamisch 2009b, S. 122 ff.

8.4 Die tarifkonforme Sprache

8.4.1 Grundlagen

80 Die Stellenbeschreibung ist im öffentlichen Dienst vor allem Basis für die Eingruppierung. Mit der Frage der überprüfbaren Beschreibung von Aufgaben beschäftigen sich deshalb regelmäßig die Arbeitsgerichte.

Aus den Urteilsbegründungen lassen sich wichtige Ansätze entnehmen, wie Tätigkeiten zu beschreiben sind:

1. gegliedert nach Arbeitsschritten, Arbeitsergebnissen und Zusammenhangsarbeiten
2. mit Nennung und Zuordnung der anzuwenden Normen und Vorschriften (zu 1. und 2.: ArbG Braunschweig Urteil vom 1. Juli 1998, Az.: 7 Ca 997/97 E, zit. nach Hofmann 1994, A 850, XX.)
3. anhand des tatsächlichen Arbeitsablaufs
4. anhand konkreter Beispiele (zu 3. und 4.: ArbG Ludwigshafen Urteil vom 3. Mai 1995, Az.: 2 Ca 2792/94 zit. nach Hofmann 1994, A 850, XIX.)
   einschl. Darstellung
5. der Art und Weise der Ausführung
6. unterschiedlicher fachlicher Anforderungen
7. des zeitlichen Aufwands (zu 5. bis 7.: LAG Niedersachen Urteil vom 25. August 1995, Az.: 16 Sa 2056/94 E, zit. nach Hofmann 2009, A 850, XV.).

Eine den gerichtlichen Anforderungen entsprechende Stellenbeschreibung beinhaltet also:

(a) Gliederung der einzelnen Aufgaben nach Arbeitsvorgängen und deren detaillierte Beschreibung **mit** Fachkenntnissen
(b) Quantifizierung der einzelnen Arbeitsvorgänge durch Zeitanteile
(c) Feststellung des erforderlichen Niveaus der Vorbildung ohne Nennung von Berufen mit unterschiedlicher tariflicher Wertigkeit.

Erst diese Angaben ermöglichen eine Zuordnung der Aufgaben der Stelle zu den Tätigkeitsmerkmalen der jeweils zur Anwendung kommenden Vergütungsordnung. Da Vergütungsordnungen eine Vielzahl unterschiedlichster Aufgabenbereiche des öffentlichen Dienstes abdecken sollen, sind sie entsprechend abstrakt gehalten. Es handelt sich regelmäßig um unbestimmte Rechtsbegriffe, die nur mit entsprechender Kenntnis der Rechtsprechung und Literatur sachgerecht ausgelegt und angewendet werden können.

!	Folglich ist es schwierig, ohne diese Sachkenntnis Stellen im öffentlichen Dienst zielführend zu beschreiben (zur Qualifizierung s. Kapitel 10).

📖	Richter/Gamisch 2009b, S. 138 ff.

8.4.2 Unzulässige Formulierungen

Unzulässig sind 81

- die (unkommentierte) Verwendung von Wertungen
- zu unbestimmte Tätigkeitsworte
  und
- die (unkommentierte) Verwendung von Fachbegriffen.

Wertende Adjektive wie bedeutend, besonders, eigen-(verantwortlich), schwierig, selbständig usw. verhindern Feststellungen zum tatsächlichen Grad der Bedeutung, Schwierigkeit oder Selbständigkeit der Aufgaben. Darüber hinaus geben sie in der ein oder anderen Form Tätigkeitsmerkmale der Vergütungsordnungen wieder.

Zu unbestimmte Tätigkeitsworte wie bearbeiten, mitarbeiten, mitwirken, zuarbeiten lassen nicht erkennen, welchen Anteil der Stelleninhaber an der zu erbringenden Arbeitsleistung konkret hat.

Das »Entschlüsseln« unkommentierter Fachbegriffe führt zu erheblichem Mehraufwand. Ein klassisches Beispiel sind Stellenbeschreibungen aus dem IT-Bereich, in denen regelmäßig Anglizismen dazu führen, das Sinn und Zweck der Tätigkeiten ohne Englischwörterbuch und einem breiten it-technischen Überblick nicht mehr zu verstehen sind.

📖	Richter/Gamisch 2009b, S. 138 ff.

8.4.3 Tarifkonforme Formulierungen

Um die o. g. Formulierungsfehler so weit wie möglich zu minimieren, ist eine einheit- 82
liche, wertneutrale und allgemeinverständliche Beschreibung erforderlich.

(1) Dabei wird jeder Arbeitsvorgang prozessorientiert vom ersten Arbeitsschritt bis hin zum Endergebnis dargestellt.

(2) Die einzelnen Arbeitsschritte innerhalb des Arbeitsvorgangs sind so zu beschreiben, dass auch der Nichtfachmann sie versteht. Fachspezifische Abkürzungen und Begriffe sind zu erläutern.
(3) Die Beschreibung der Arbeitsvorgänge und Arbeitsschritte erfolgt nach diesen Kriterien, die auch maßgeblich für die Stellenbildung sind:
   (a) Tätigkeitswort, das die durchzuführende Handlung/Verrichtung konkret definiert
   (b) Objekt/Arbeitsgegenstand, auf das sich die Handlung/Verrichtung bezieht
   (c) Vorgaben und Hilfsmittel
   (d) Schnittstellen zu anderen Stellen.

Die durchzuführenden Handlungen/Verrichtungen (a) werden durch Verben oder substantivierte Verben beschrieben. In der Literatur (vgl. Richter/Gamisch 2009b, S. 143 ff. m. w. N.) finden sich entsprechende Beispiele, die in der Praxis gut anzuwenden sind. Sie sind bereits um Fragewörter zur Definition des Objektes/Arbeitsgegenstand (b) ergänzt, auf das sich das Handeln bezieht, z. B.:

(a)	*(b)*
ablegen	Welche Schriftstücke?
abrechnen	Was, worauf?
analysieren	Welche Tatbestände, Ergebnisse, Abläufe?
zusammenstellen	Welche Unterlagen, Daten?
zusammentragen	Welche Unterlagen?

Beispiele

Personalsachbearbeiter

(a) Verfassen

(b) von Stellenbeschreibungen

(c) auf Basis der gesammelten Informationen

(d) und Abstimmung mit den Fachbereichen und Weiterleitung der daraus erstellten endgültigen Fassungen zur Freigabe an die Dienststellenleitung

Bauplaner

(a) Bau- und kostentechnische Planung

(b) von Umbaumaßnahmen am Verwaltungsgebäude der Hochschule (HOAI: Honorarzone III)

(c) anhand der vor Ort festgestellten Mängel an der Bausubstanz

(d) und Weiterleitung zur finanzwirtschaftlichen Prüfung und Genehmigung an die Hochschulleitung

Richter/Gamisch 2009b, S. 138 ff.

8.5 Zuständigkeit für die Entwicklung und Aktualisierung von Stellenbeschreibungen

Die Zuständigkeit sollte sich an der dazu erforderlichen fundierten Fachkompetenz: 83

- im Eingruppierungsrecht, insbesondere im Hinblick auf die Bildung von Tätigkeiten bzw. Arbeitsvorgängen,
- in der Organisationslehre, hier in Fragen der Stellenbildung und einschlägiger Erhebungstechniken (Beobachtung, Interview, Fragebogen, Selbstaufschreibung)

orientieren.

Und hieran wird das eigentliche Dilemma vieler Dienststellen deutlich. Während die Mitarbeiter der Personalabteilung als Bewertungsspezialisten über fundierte Kenntnisse des Tarifrechts und der analytischen Dienstpostenbewertung verfügen, fehlt es an den erforderlichen Kenntnissen der Organisationslehre. Umgekehrt finden sich in den Organisationsabteilungen in vielen Fällen kaum Mitarbeiter mit vertieften Kenntnissen im Bewertungsrecht.

ℹ	Aufgrund der hohen Anforderungen an die Aktualität der Kenntnisse im Bewertungsrecht als Basis für das rechtssichere Abfassen der Stellenbeschreibungen sollte die Zuständigkeit für die Erstellung von Stellenbeschreibungen u. E. in den Personalbereich fallen.

Wir halten dieses Vorgehen für praktikabler und wirtschaftlicher.

📖	Richter/Gamisch 2009b, S. 72 ff.

8.6 Fazit

t	**45. These:** Ohne Stellenbeschreibung keine Eingruppierung!

84

Ein Hauptgrund für (unzulässige) übertarifliche Eingruppierungen sind fehlende Stellenbeschreibungen. Ihre Entwicklung und Einführung ist ein wichtiger Baustein der Personal- und Organisationsentwicklung: Die Abläufe in der Dienststelle können optimiert und Personalkosten gesenkt werden.

Stellenbeschreibungen schaffen Klarheit über die Anforderungen des Arbeitgebers an die Beschäftigten. Sie sind ein praktisches und hilfreiches Instrument in der täglichen Personalarbeit: von der Personalbeschaffung und -auswahl, über Beurteilungen und Zielvereinbarungen bis hin zum Arbeitszeugnis.

Die Vorteile für Dienststellen werden mittel- und langfristig gegenüber den Aufwands- und Einführungskosten überwiegen. Das gilt gerade auch vor dem Hintergrund, dass auch TVöD und TV-L wie BAT und die anderen Spartentarifverträge des öffentlichen Dienstes tarifkonforme Stellenbeschreibungen erfordern.

Ohne tarifkonforme Stellenbeschreibungen wird die rechtssichere Einführung der neuen Entgeltordnung nicht gelingen.

9. Kapitel: Verfahren zur Entwicklung und Aktualisierung von Stellenbeschreibungen im Überblick

Zwei Verfahren finden in der Beratungspraxis – mit Variationen – ihre verstärkte Anwendung (weiterführend Richter/Gamisch 2009b, S. 47 ff.):

9.1 Interview-Verfahren

t	**46. These:** Das optimale Verfahren zur Einführung von tarifkonformen Stellenbeschreibungen ist das Interview-Verfahren.

85

Beim Interview-Verfahren werden die Stellenbeschreibungen durch die entsprechenden Fachleute aus der Personalabteilung unter größt möglicher Einbindung der derzeitigen Stelleninhaber und Führungskräfte entwickelt. Die Besonderheit des Verfahrens besteht im Gegensatz zur noch verbreiteten Praxis darin, dass nicht die Fachabteilungen bzw. die Stelleninhaber selbst Stellenbeschreibungen verfassen, sondern entsprechend personalwirtschaftlich und bewertungsrechtlich ausgebildete Fachleute, um eine vergleichbare Qualität aller Stellenbeschreibungen in der Dienststelle sicherzustellen.

Das Interview als Kernelement dient der Erfassung aller erforderlichen Informationen wie Aufgaben, Einzeltätigkeiten, Fachkenntnisse, Erfahrungen und Befugnisse direkt bei den Stelleninhabern und Führungskräften der einzelnen Organisationseinheiten vor Ort.
Dieses Verfahren ist zu empfehlen, wenn vorher keine Stellenbeschreibungen oder vergleichbare Dokumentationen zur Aufbau- und Ablauforganisation existieren, da die Stelleninhaber und Führungskräfte i. d. R. sehr detailliert Auskunft über die Aufgabengebiete im o. g. Sinne geben können. Gleichzeitig wird die Transparenz des Verfahrens für den Einzelnen erhöht und trägt damit erheblich zur Akzeptanz in der laufenden personalwirtschaftlichen und führungstechnischen Anwendung bei.

📖	Richter/Gamisch 2009b, S. 47 ff.

9.2 Das Training und Coaching der Führungskräfte

t	**47. These:** Als Alternative kann das Training und Coaching der Führungskräfte dienen.

86

Als Alternative zum Interviewverfahren kann auch der Weg über das Training und Coaching der Führungskräfte gewählt werden.

Bei diesem Verfahren erfolgt die Erstellung der Stellenbeschreibungen durch die Führungskräfte der einzelnen Organisationseinheiten. Um zu sachgerechten und verwertbaren Ergebnissen zu gelangen, werden die Führungskräfte durch entsprechende Fachleute trainiert und gecoacht.

Dieses Verfahren ist im Vergleich zum Interview-Verfahren auch dann zweckmäßig, wenn die Stellenbeschreibungen später nicht personalwirtschaftlich bzw. führungstechnisch genutzt werden, sondern ausschließlich Basis für die Bewertung der Stellen sind.

🕮	Richter/Gamisch 2009b, S. 56 ff.

9.3 Mischmodelle

87

t	**48. These:** Eine Kombination beider Modelle ist möglich.

Nicht immer und nicht für jede Dienststelle eignet sich immer nur eines der o. g. Verfahren. Je nach Größe und Aufgabenstellung der Dienststelle kann auch eine Verbindung beider Verfahren sinnvoll sein.

9.4 Was gibt es noch?

88 In der Literatur (!) wird immer wieder auch die Fragebogentechnik als mögliche Form beschrieben. Diese hat sich in der Praxis nicht bewährt. Die Mitarbeiter fühlen sich häufig überfordert, eine Vielzahl von Fragen zu beantworten, deren Sinn und Zweck sich ihnen nicht immer klar erschließt. Auch begleitende Ein- und Unterweisungen können dies kaum verhindern. Die deshalb erforderlichen Nachfragen sind regelmäßig so umfangreich und zeitintensiv, dass der unmittelbare Einsatz der o. g. Verfahren insgesamt wirtschaftlicher ist.

9.5 Qualifizierung

89 Für beide Verfahren ist eine Qualifizierung der Mitarbeiter erforderlich (s. Kapitel 10).

9.6 Der Einstieg: Vorgehen im Überblick

Unabhängig von der Wahl des Verfahrens gilt es zunächst ein paar grundsätzliche Fra- **90**
gen zu klären. Erst dann kann eine Entscheidung zum konkreten Verfahren getroffen werden.

Verfahrensunabhängige Vorbereitung

1. Festlegung der Ziele
   (Für welche Zwecke sollen die Stellenbeschreibungen eingesetzt werden?)
   und daraus abgeleitet
2. Festlegung von Aufbau und Umfang des Stellenbeschreibungsformulars
3. Bestimmung der Anzahl der zu beschreibenden Stellen

Interview-Verfahren

1. Festlegen der Reihenfolge der Untersuchung der einzelnen Organisationseinheiten
2. Festlegen der internen Aufgabenverteilung in der Personalabteilung
3. Information der Stelleninhaber und Führungskräfte über das Verfahren
4. inhaltliche und organisatorische Vorbereitung der Interviews
5. Durchführung der Interviews bei den Organisationseinheiten vor Ort
6. Auswertung der Interviews und Erstellen von Stellenbeschreibungsentwürfen
7. Abstimmung der Stellenbeschreibungsentwürfe mit den Organisationseinheiten
8. Ausfertigen der Stellenbeschreibungen in den endgültigen Stand
9. In-Kraft-Setzen und Veröffentlichen der Stellenbeschreibungen

Training und Coaching der Führungskräfte

1. Information der Führungskräfte über das Verfahren
2. Training der Führungskräfte im Erstellen von Stellenbeschreibungen durch in- oder externe Fachkräfte
3. Erstellen der Stellenbeschreibungen durch die Führungskräfte
4. Prüfen der Stellenbeschreibungen durch die Personalabteilung
5. Abstimmung der personalwirtschaftlichen und tarifrechtlich erforderlichen Änderungen mit den zuständigen Führungskräften
6. Ausfertigen der Stellenbeschreibungen in den endgültigen Stand

(Quelle: IPW – Institut für PersonalWirtschaft GmbH)

9.7 Fazit

91 Aus unserer Beratungspraxis heraus empfehlen wir das Vorgehen über Stelleninterviews. In jedem Fall bildet eine hinreichende Qualifizierung die Grundlage.

10. Kapitel: Qualifizierung

t	**49. These:** Die Mitarbeiter, die die Einführung der neuen Entgeltordnung vorbereiten, müssen über eine hinreichende Qualifizierung verfügen.

t	**50. These:** Das gilt nicht nur für die Beschäftigten der Personal- und/oder Organisationsabteilung. Ebenso müssen die zuständigen Fachvorgesetzten über ein Mindestwissen verfügen.

10.1 Das Lernen des Einzelnen ...

Die Einführung der neuen Entgeltordnung stellt hohe Anforderungen an die Mitarbeiter **92**
der Bereiche Personal und Organisation, die den Grund für die Anwendung des neuen Tarifrechts legen sollen. Gleiches gilt für die Personal- und Betriebsräte, die ihre Mitbestimmungsrechte verantwortlich wahrnehmen wollen. Entscheidet sich der Arbeitgeber gegen die Durchführung von Stelleninterviews und für die Einführung von tarifkonformen Stellenbeschreibungen im Wege des sog. Coaching-Verfahrens, stehen vor allem die Führungskräfte vor einer gewaltigen Aufgabe.

!	Ohne Qualifizierung wird es nicht gehen!

In diesem Zusammenhang ist zu bedenken, dass TVöD und TV-L das Lernen tariflich geregelt haben.

> »Ein hohes Qualifikationsniveau und lebenslanges Lernen liegen im gemeinsamen Interesse von Beschäftigten und Arbeitgebern. Qualifizierung dient der Steigerung von Effektivität und Effizienz ..., der Nachwuchsförderung und der Steigerung von beschäftigungsbezogenen Kompetenzen. Die Tarifvertragsparteien verstehen Qualifizierung auch als Teil der Personalentwicklung.«

Diese – wenig beachteten? – Worte stammen nicht etwa aus einem aktuellen Handbuch der Personalwirtschaft oder dem Konzeptpapier einer Personalabteilung zum Thema Personalentwicklung, sondern aus dem geltenden Tarifrecht (§ 5 TVöD/TV-L).

📖	Richter/Gamisch 2009b, S. 47 ff. Richter/Gamisch, AuA 2007, S. 95 ff.

10.2 ... und die Lernende Organisation

93 Der öffentliche Dienst ist damit eine der ersten volkswirtschaftlich bedeutsamen Branchen, die (Weiter-)Bildung tarifvertraglich regelt. Schon lange wird das »lebenslange Lernen« als Überlebensstrategie des Einzelnen am (Arbeits-)Markt propagiert (siehe Richter/Brüggemann, AuA 8/2003, S. 28). Auch für Dienststellen und Betriebe der öffentlichen Verwaltungen wird (organisiertes) Lernen immer wichtiger: Die Arbeitsbedingungen haben sich in den zurückliegenden Jahrzehnten derart rasant verändert, dass Weiterbildung einen wesentlichen Bestandteil der Existenzsicherung der Organisation darstellt. Entscheidend ist ein Gesamtkonzept: Die »Lernenden Organisation«.

Diese Idee löst sich von der traditionellen Sichtweise, dass nur Einzelne lernen können. Ein Unternehmen bzw. eine Verwaltung ist nicht nur eine einfache Maschine, die beherrscht, prognosefähig, exakt planbar ist und sich darüber hinaus beliebig steuern lässt. Der moderne systemtheoretische Ansatz geht vielmehr davon aus, dass soziale Systeme wie Organisationen – Unternehmen und Verwaltungen – auf sehr komplexe Art und Weise funktionieren und nicht auf einfache Steuerungsmechanismen reduziert werden können. Eine »Lernende Organisation« ist demgegenüber ein

> »Ort, an dem die Menschen kontinuierlich entdecken, dass sie ihre Realität selbst erschaffen. Und dass sie sie verändern können.«

(s. Senge 1999, S. 22)

	Lernen ist dabei mehr als die Lernanstrengung Einzelner!

Um die Vision eines »Lernenden Unternehmens« bzw. einer »Lernenden Verwaltung« umsetzen zu können, müssen verschiedene, elementare Voraussetzungen geschaffen werden: eine gemeinsame Vision (Sinnstiftung), ein positives Menschenbild und damit verbunden Anerkennung der Fähigkeiten des Mitarbeiters, eine Verschlankung des Systems sowie das Systemdenken als wichtigster Punkt.

	einführend Richter/Kaufmann, AuA 1/2004, S. 30 ff. vertiefend Arnold 2006; Arnold 2009

10.3 Der rechtliche Rahmen des § 5 TVöD/TV-L ...

94 Der rechtliche Rahmen wird bereits jetzt mit § 5 TVöD/TV-L gesteckt. Diese Vorschriften zwingen den Arbeitgeber im Grunde, (ein Minimum an) Personalentwicklung ein- bzw. durchzuführen. Durch den Tarifvertrag wird (Weiter-)Bildung rechtlich verankert, obwohl entgegen einer weit verbreiteten Ansicht kein genereller »Anspruch auf Bildung« existiert. Auf der anderen Seite sehen sich Beschäftigte mit immer neuen und unter Umständen wachsenden Anforderungen am Arbeitsplatz konfrontiert.

Vor diesem Hintergrund geht die Rechtsprechung davon aus, dass Arbeitnehmer grundsätzlich verpflichtet sind, eine neue vom Arbeitgeber angeschaffte Maschine zu bedienen und sich das erforderliche Wissen (durch Schulung) anzueignen (LAG Hamm Urteil vom 8. Juni 1994, Az.: 14 Sa 2054/93, LAGE Nr. 20 zu § 611 BGB Direktionsrecht).

Der Arbeitgeber hat ein dementsprechendes Weisungs- bzw. Direktionsrecht gem. § 106 GewO, die Bedienung der Maschine und die Teilnahmen an Schulungen anzuordnen. Diese Aussage gilt entsprechend für die Beschäftigung mit den Voraussetzungen, der Umsetzung und den Auswirkungen der neuen Entgeltordnung.

Aus dem Direktionsrecht des Arbeitgebers folgt umgekehrt seine Fürsorgepflicht gem. § 241 Abs. 2 BGB, den Mitarbeiter zu schulen:

»Gehören die Arbeiten, die dem Arbeitnehmer übertragen werden sollen, zu seinem Berufsbild, verfügt er aber wegen der Entwicklung neuer Techniken nicht über die erforderlichen Fähigkeiten und Kenntnisse, kann der Arbeitgeber zur Vorbereitung auf die Arbeit auch eine entsprechende Schulung verlangen. Ergänzt wird das Direktionsrecht von Treu und Glauben, der Fürsorgepflicht des Arbeitgebers, der seine betrieblichen Entscheidungen auch unter Berücksichtigung der Belange des Arbeitnehmers zu treffen hat (§ 315 BGB). ... Schon aufgrund seiner Fürsorgepflicht hat dieser dafür zu sorgen, dass auch ältere Mitarbeiter geschult werden, um nicht den Anschluss an die technische Entwicklung zu verlieren und möglicherweise sogar ihren Arbeitsplatz riskieren, weil sie mit den neu eingeführten Systemen nicht umgehen können.«

(ArbG Bonn Urteil vom 4. Juli 1990, Az.: 4 Ca 751/90)

Tarifvertragliche Regelungen setzen an diesem Punkt an: Denn in Zeiten knapper Kassen wird zum Teil an Bildungsmaßnahmen gespart. Damit geht der Trend zur »freiwilligen Samstagsschulung« umher, bei der Mitarbeiter ohne Vergütungsanspruch an Qualifizierungsmaßnahmen teilnehmen (müssen). In diesem Zusammenhang beschränken sich Qualifizierungsmaßnahmen nicht auf die Vermittlung von Fachkompetenz. TVöD und TV-L nennen ausdrücklich auch die Fortentwicklung der methodischen und sozialen Kompetenzen, um die erforderliche Handlungskompetenz sicherzustellen.

Dementsprechend bestimmt § 1 Abs. 3 S. 1 BBiG:

»Die Berufsausbildung hat die für die Ausübung einer qualifizierten beruflichen Tätigkeit in einer sich wandelnden Arbeitswelt notwendigen beruflichen Fertigkeiten, Kenntnisse und Fähigkeiten (berufliche Handlungsfähigkeit) ... zu vermitteln.«

Handlungskompetenz

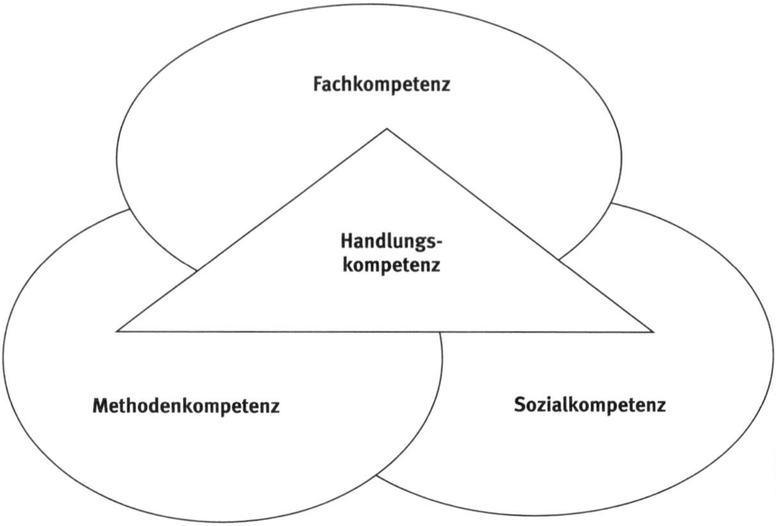

(Quelle: IPW – Institut für PersonalWirtschaft GmbH)

Die Vorschrift des § 5 TVöD/TV-L gibt Arbeitnehmern keinen einklagbaren Anspruch auf (Weiter-)Bildungsmaßnahmen. Sie können lediglich ein regelmäßiges, mindestens jährliches Gespräch mit der Führungskraft einfordern. Gesprächsgrundlage ist die aktuelle Stellenbeschreibung.

einführend Richter/Kaufmann, AuA 1/2004, S. 30 ff.
vertiefend Arnold 2006; Arnold 2009
zum personalwirtschaftlichen beziehungsweise betriebspädagogischem Begriff der Schlüsselqualifikationen: siehe einführend Mentzel 2008, S. 176

10.4 ... und die Vorbereitung der neuen Entgeltordnung

10.4.1 Die Fürsorgepflicht

95 Unabhängig von der tarifvertraglichen Regelung kann der Beschäftigte also verlangen, dass er das für die Einführung der neuen Entgeltordnung erforderliche »Rüstzeug« vermittelt bekommt.

Der Arbeitgeber verfolgt mit Schulungen zum Thema neue Entgeltordnung ein eigenes Interesse: die Fehlervermeidung.

Die Vorbereitung bzw. Einführung des neuen Eingruppierungsrechts eröffnet die Möglichkeit, alte Fehler zu beseitigen (z. B. fehlende oder veraltete Stellenbeschreibungen, ggf. ohne Beachtung der tarifrechtlichen Bestimmungen usw.) oder von Anfang an ein tarifkonformes (!), vielseitig einsetzbares und somit effizientes System der Stellenbeschreibung zu verankern. Kosten, die Schulungen verursachen, ersparen »Lehrgeld«.

> Schulung ist antizipierende Beratung!

Sinnlose Reibereien mit dem Personal- bzw. Betriebsrat und Beschäftigten stören und bringen ihrerseits Kosten mit sich, spätestens beim Arbeits- bzw. Verwaltungsgericht. Erfolgversprechend ist demgegenüber ein konstruktiver Umgang mit Widerständen (vgl. Richter/Gamisch 2009b, S. 68 ff.).

10.4.2 Wi(e)der die Beamershow!?

Entgegen dem Trend sollten sich Arbeitgeber nicht auf »Low Budget-Schulungen« ver- 96
steifen. Lernen nach dem sog. Nürnberger Trichter wird keinen Erfolg haben. So wie eine Organisation keine triviale Maschine ist, die beherrscht und gesteuert werden kann, können Lernerfolge nicht – in kürzester Zeit – »erzeugt« werden. In der modernen Erwachsenenbildung bzw. Personalentwicklung spricht man in diesem Zusammenhang von der »Erzeugungsdidaktik«, die keinen nachhaltigen Erfolg haben wird. Nach einer »Beamershow« im Schnell-Vortrag (»200 Bilder in zwei Stunden«: Aussage eines Seminarteilnehmers zu einer Veranstaltung zur Umstellung vom BAT auf den TVöD) wird der Mitarbeiter sicherlich nicht in der Lage sein, erfolgreich die neuen Eingruppierungsregeln vorzubereiten, einzuführen und umzusetzen. Den Gegenpol zur sog. Erzeugungsdidaktik bildet die »Ermöglichungsdidaktik«.

Erzeugungs- und Ermöglichungsdidaktik

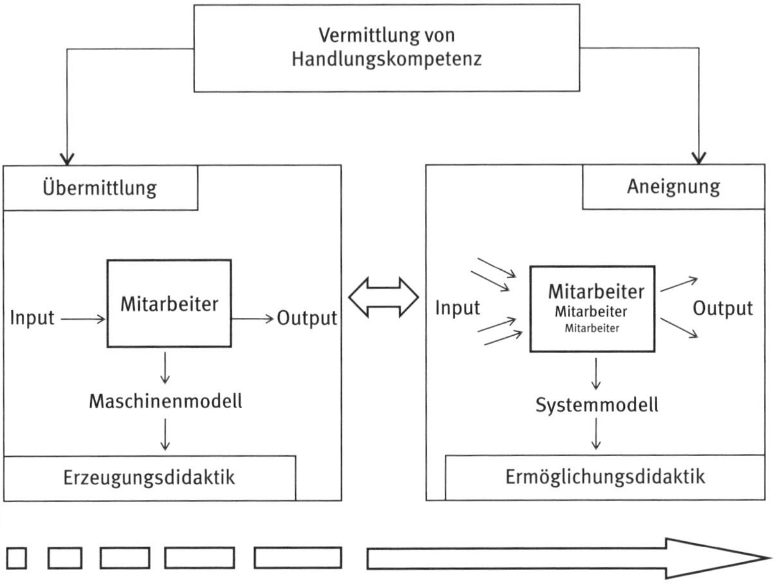

(Quelle: IPW – Institut für PersonalWirtschaft GmbH)

Zentraler Begriff einer zeitgemäßen Ermöglichungsdidaktik ist die »Aneignung«. Darunter versteht man einen Wechsel der Perspektive: D. h.

- den Abschied von der Vorstellung, dass der Referent, Dozent bzw. Trainer etwas »mechanisch-trivial« vermittelt und ...
- die Hinwendung zu einem breiten Aneignungsspektrum, das sich aus dem Lehrvortrag, Lehrgespräch, praktischen Übungen in (Klein-)Gruppen bis hin zum selbst gesteuerten Lernen (am Arbeitsplatz) zusammensetzt (vgl. Gröner/Fuchs-Brüninghoff 2004, Stichwort Aneignung, S. 18).

> »Ziel ist ein »selbständiger Prozess der aktiven Auseinandersetzung mit neuen Sichtweisen, neuen Erklärungen und Interpretationen«, der sich vom »beschulen, belehren oder ›abrichten‹« unterscheidet.«

(Arnold 1996, S. 146 und 147)

Sicherlich müssen die betriebswirtschaftlichen Möglichkeiten und Grenzen beachtet werden. Die betriebliche Weiterbildungsmaßnahme wird wegen der finanziellen und zeitlichen Rahmenbedingungen niemals »ideale« Ermöglichungsdidaktik darstellen, sondern stets Elemente der Erzeugungsdidaktik aufweisen. Es geht nicht um die Verwirklichung von idealen Modellen, sondern um ergebnisorientierte Hilfe für den Mitarbeiter.

📖	Arnold/Krämer-Stürzl/Siebert 1999 Döring 2008 Siebert 2009

10.4.3 Die Qualität der Schulung

Zielführend sind nur Schulungen, die möglichst viel von dem verwirklichen, was »Ermöglichungsdidaktik« genannt wird. 97

	Dazu gehören zunächst: ■ kleine Seminargruppen (maximal 16–18 Teilnehmer) ■ Lehrgespräch statt Lehrvortrag ■ Übungsmöglichkeiten in Kleingruppen ■ Zeitressourcen für Diskussionen und konkrete Nachfragen des Einzelnen ■ Rückfragemöglichkeiten nach dem Seminar.

Wegen dieser Anforderungen sind eintägige Seminare (»Schnellbesohlung«) eine verlorene Investition. Für eine seriöse Schulung zu den Themen Stellenbeschreibung und Eingruppierung werden jeweils zweitägige Seminare (à 16 Unterrichtseinheiten = 12 Zeitstunden) erforderlich sein. Damit Mitarbeiter (rechts-)sicher Stelleninterviews durchführen können, sollte zusätzlich in eine eintägige Maßnahme (8 Unterrichtseinheiten = 6 Zeitstunden) investiert werden, was bei Annahme der tarifvertraglichen Grundkenntnisse vollkommen ausreichend ist. Überzogen und unangemessen sind die Angebote mancher Schuler, die unter drei bis fünf Tagen Schulungsdauer für das einzelne Thema (für Personal- und Betriebsräte) nicht auskommen.

Darüber hinaus müssen die eingesetzten Trainer bestimmte Voraussetzungen erfüllen:

- Zwingend sind detaillierte und aktuelle Kenntnisse der Organisationslehre und des einschlägigen Tarifrechts,
- ... wie sie in einem Studium der Betriebswirtschaftslehre, Verwaltungswissenschaft bzw. Rechtswissenschaft vermittelt werden oder durch einschlägige Berufserfahrung erworben wurden,
- Kenntnisse der Didaktik,
- ... wie sie in der Ausbilderprüfung (gem. Ausbilder-Eignungsverordnung), einer (seriösen) Trainerausbildung bzw. einem pädagogischen Studium vermittelt werden,
- ... und – idealerweise – einschlägige Beratungserfahrung im Eingruppierungsrecht sowie Berufspraxis im Prozessrecht vor Arbeits- bzw. Verwaltungsgerichten.

	Das gilt sowohl für interne als auch externe Schuler und Berater!

📖	Arnold/Krämer-Stürzl/Siebert 1999 Döring 2008 Siebert 2009 Weber, PersR 2009, S. 489 ff.

10.5 Die Einbindung in das Gesamtsystem

98

t	**51. These:** Die Aktivitäten müssen in ein Personal- und Organisationsentwicklungskonzept eingebunden werden und können ideal mit dem leistungsorientierten Entgelt gem. § 18 TVöD verknüpft werden!

Das »Projekt« neue Entgeltordnung sollte in ein Gesamtsystem eingebettet werden. Denn Schnittstellen bestehen insbesondere zum leistungsorientierten Entgelt.

	»Ohne Stellenbeschreibung ist Beurteilung sinnlos.« (zit. nach Richter/Gamisch 2009b, S. 28).

Die Übertragung von Aufgaben zur Vorbereitung und Einführung der neuen Entgeltordnung eignet sich z. B. hervorragend zur Bildung von Zielen und zur Vereinbarung von Zielvereinbarungen im Zusammenhang mit dem leistungsorientierten Entgelt gem. § 18 TVöD.

Zielvereinbarungen können insbesondere folgende Inhalte haben: Erfolgreiche ...

- Durchführung interner Schulungen zu den Themen ...
- Einführung tarifkonformer Stellenbeschreibungen
- Entwicklung eines spezifischen tarifkonformen Formulars für Stellenbeschreibungen
- ... und/oder Dienstpostenbeschreibungen
- Einführung des Instruments des Stelleninterverwies
- Konzeption einer Dienst-/Betriebsvereinbarung zur Einführung von (Projekt-)Gruppenarbeit oder
- einer Geschäftsordnung für eine Stellenbewertungskommission usw. ...

Zur Zielvereinbarung siehe Richter/Gamisch 2007c, S. 67 ff.

10.6 Die Arbeitnehmervertretung

99 Diese Aussagen gelten entsprechend für die Schulung des Personal- bzw. Betriebsrats (zu den Einzelheiten s. Kapitel 14, S. 136).

10.7 Fazit

100 Die zielgerichtete Qualifizierung bildet das Fundament für die erfolgreiche Vorbereitung und Einführung der neuen Entgeltordnung. Abstiche bei der Weiterbildung führen zu einem Bumerangeffekt: Vermeintliche Einsparungen verwandeln sich in verlorene Investitionen.

11. Kapitel: Das Stelleninterview

11.1 Begriffsbestimmung

Ein Interview ist eine Gesprächssituation zwischen zwei oder mehreren Personen, die Gelegenheit zum Austausch arbeits- und organisationsbezogener Information bietet (vgl. Schuler 2006, S. 209). 101

Im Stelleninterview geht es dabei um einen sehr speziellen Inhalt:

Das Stelleninterview ist ein Gespräch des Bewerters ... mit dem Arbeitsplatzinhaber über die auszuübenden Tätigkeiten. Konkret geht es um die Anforderungen, die an den Angestellten bei der Erledigung der auszuübenden Tätigkeit gestellt werden (vgl. Krasemann 2005, 12. Kapitel, Rdnr. 297).

t	**52. These:** Das Stelleninterview ist die beste Methode, die notwendigen Informationen zu erfassen.

Das Stelleninterview dient also der unmittelbaren Erfassung aller zum Verfassen einer Stellenbeschreibung erforderlichen Informationen, wie

- Aufgaben
- Einzeltätigkeiten
- Fachkenntnisse
- Erfahrungen
- und Befugnisse

beim Beschäftigten selbst.

📖	Richter/Gamisch 2007a, S. 13

11.2 Der Anwendungsrahmen

Die über das Interview gewonnenen Informationen bilden die Grundlage für die Stellenbeschreibung. 102

t	**53. These:** Das Stelleninterview wird in unterschiedlichen Situationen eingesetzt.

Die Anlässe dafür sind vielfältig. Neben der Einführung einer neuen Entgeltordnungen beruhen sie regelmäßig auf organisatorischen und/oder personellen Veränderungen:

organisatorisch	personell
Neuschaffung einer Stelle	Einstellung eines Beschäftigten
Aufgabenverlagerungen	Um- bzw. Versetzung
Aufgabenänderungen (inhaltlich, umfänglich)	Antrag auf Höhergruppierung
Einführung leistungsorientierter Entgeltsysteme	Leistungsmessung und -bewertung

Hinzu kommt, dass auch in Folge von Beanstandungen, sei es durch die Landesrechnungshöfe bzw. durch den Bundesrechnungshof, die Innenrevision oder klagende Arbeitnehmer, Stellenbeschreibungen erstellt oder aktualisiert werden müssen.

11.3 Personalwirtschaftliche Grundlagen

t	**54. These:** Die personalwirtschaftlichen Grundlagen sind zu beachten.

11.3.1 Das System

103 Die Neuregelungen der Tarifverträge verdeutlichen insbesondere in den § 5 (Qualifizierung) TVöD/TV-L, § 18 TVöD (Leistungsentgelt) sowie in Neuregelungen im Sozial- und Erziehungsdienst (Gesundheitsschutz), dass die Tarifvertragspartner moderne Managementmethoden einführen wollen. Im Rahmen dieses Veränderungsprozesses bildet eine erfolgreiche Kommunikation ein wesentliches Element. In diesem Zusammenhang steht auch das Stelleninterview.

🕮	Schäfer 2005

11.3.2 Kommunikationsgrundlagen …

104 Im Rahmen des Stelleninterviews tauschen Interviewer und Beschäftigter Informationen aus, sie kommunizieren (vgl. Richter/Gamisch 2007a, S. 26 ff. m. w. N.). Das ist ein sehr alltäglicher aber zugleich auch komplexer Vorgang. Was nicht wenige – eventuell juristisch geprägte – Praktiker unterschätzen.

So wird die Kommunikation im Stelleninterview gern auf die rein sachliche Ebene beschränkt:

- »Man muss nur vernünftig über Sachfragen reden, dann kommt man auch zu einem Ergebnis.«

- »Und nach der Rechtsprechung des Bundesarbeitsgerichts kann es nur ein richtiges Ergebnis geben!«

Dabei besteht die Kommunikation aus mehr als nur der Sachebene. Die Literatur hat zur Beschreibung dieser Kommunikationsebenen ihre eigene »Sprache« entwickelt. Basis ist der Kommunikationsvorgang an sich: Der Sprecher (= »Sender«) übermittelt dem Zuhörer (= »Empfänger«) Informationen (= »Nachrichten«). Die gesendete Nachricht kann man sich als Paket unterschiedlicher ausgesprochener und unausgesprochener Mitteilungen (= »Botschaften«) vorstellen. Zur Klassifizierung und Beschreibung dieser Botschaften hat sich die sehr plastisch ausgearbeitete Theorie der »vier Aspekte einer Nachricht« durchgesetzt. Nach dieser Theorie bestehen Nachrichten aus diesen vier Aspekten:

Klassifizierung	**Beschreibung ...**
Sachaspekt	... des objektiven Sachverhalts
Beziehungsaspekt	... des Verhältnisses zwischen Sender und Empfänger
Selbstoffenbarungsaspekt	... der Lage, in der sich der Sender befindet
Appellaspekt	... einer Aufforderung an den Empfänger

Da alle vier Aspekte die gleiche Bedeutung für den Sender besitzen, spricht die Literatur vom sog. Nachrichtenquadrat. Doch die so gesendeten Nachrichten kommen in der Regel nicht in der gleichen Weise beim Empfänger an. Je nachdem, welcher Aspekt vom Empfänger stärker wahrgenommen wird, können Missverständnisse auftreten:

Beispiel:

Der Sender ...	**Der Empfänger ...**
... fragt nach erforderlichen Fachkenntnissen (= Sachaspekt).	... hört, dass er an seiner bevorstehenden Herabgruppierungen mitwirken soll (= Appellaspekt).
... erklärt die Bedeutung der selbständigen Leistung (= Sachaspekt).	... empfindet, dass er belehrt wird (= Beziehungsaspekt).

(siehe Richter/Gamisch 2007a, S. 27)

Verstärkt werden können diese Missverständnisse durch nonverbale Kommunikation. Nonverbal bezeichnet den mit dem gesprochenen Wort verbundenen Ausdruck und die Körpersprache. Der Kommunikationsvorgang ist also sehr komplex:

Kommunikation ...		
1. ... Verbale	**2. ... Non-verbale**	**3. ... Non-verbale**
= Wort, was gesprochen wird (sog. semantischer Gehalt des Wortes)	= Wie, gesprochen wird (sog. paralinguistische Ebene)	= Körpersprache

Kommunikation ...		
1. ... Verbale	**2. ... Non-verbale**	**3. ... Non-verbale**
Beispiel: »Welche Kommentare und Fachliteratur lesen sie täglich?«	Beispiel: »Welche ›Kommentare‹ und ›Fachliteratur‹ lesen sie täglich?« (›...‹ = abfällig gesprochen)	Beispiel: »Welche Kommentare und Fachliteratur lesen sie täglich?« (Sender wendet sich bei der Frage ab und sucht in seiner Aktentasche nach etwas.)

(siehe Richter/Gamisch 2007a, S. 29)

Neben möglichen Missverständnissen beim Empfänger können Informationen (»Botschaften«) einer Nachricht auch ganz verloren gehen. Die Literatur beschreibt das Phänomen modellhaft als »Informationsverlusttreppe« (Modell nach Shannon & Weaver, s. Gehm 2006, S. 30).

🕮	Gehm 2006

11.3.3 ... und deren praktische Umsetzung

105 Um mögliche Missverständnisse in der Kommunikation so weit wie möglich zu minimieren, ist eine gezielte Fragetechnik unerlässlich (in Anlehnung an Brunner 2006, S. 26 ff.; vertiefend Richter/Gamisch 2007a, S. 38 ff. m. w. N.).

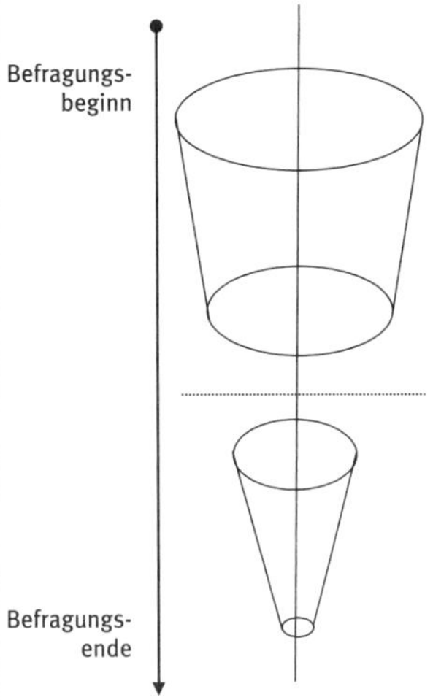

Frageform	Fragezweck	Beispielfragen
offen	sammeln	Was entscheiden Sie?
öffnend	eingrenzen	Welcher Spielraum verbleibt bei der Entscheidung...?
sondieren		
schließend	präzisieren	Wie entscheiden Sie (konkret) bei der Frage...?
geschlossen	zusammen-fassen/prüfen	Haben Sie das Letztentscheidungsrecht im Konfliktfall?

(Quelle: IPW – Institut für PersonalWirtschaft GmbH)

Die Reihenfolge der Fragen funktioniert wie ein Trichter. Die Literatur spricht von einem sog. Fragetrichter. Er bildet die Fragestruktur im Gesprächsverlauf ab. Am Anfang sind die Fragen offen. Der Interviewer weiß noch wenig, so steht die Informationsbeschaffung im Vordergrund. Je mehr Informationen der Interviewer im weiteren Gesprächsverlauf gesammelt hat, um so eher kann der diese systematisieren, plausibilisieren und zusammenfassen.

Die dabei gut einzusetzenden Frageformen (s. o.), lassen sich nach dem Antwortspielraum gliedern.

Kennzeichen der offenen Frage ist ihr großer Antwortspielraum und -umfang, der durch eine mit einem »W« beginnende Frage (sog. W-Fragetechnik) erreicht wird:

- was
- welche
- wie
- weshalb
- wozu usw.

Der Befragte ist unbeeinflusst von vorgegebenen Antwortmöglichkeiten.

Die öffnende Frage schränkt die Antwortmöglichkeiten ein, in dem sie eine bestimmte Richtung vorgibt.

Die schließende Frage gibt darüber hinaus nicht nur die Richtung möglicher Antworten vor, sondern auch das Thema.

Den kleinsten Antwortspielraum bietet die geschlossene Frage. Der Gefragte kann nur zwischen Zustimmung (»Ja«) und Ablehnung (»Nein«) wählen.

Zusätzlich zu diesen Grundformen gibt es noch viele spezielle Fragetypen, die sich zwischen den Grundformen bewegen (vertiefend Richter/Gamisch 2007a, S. 41 ff. m. w. N.). Dabei sind alle Frageformen zu vermeiden, die dem Beschäftigten nicht ausreichend Zeit und Raum zur Beantwortung lassen oder die passende Antwort gleich selbst liefern (Suggestivfragen). Sie führen zu Widerstand, was bis zum Abbruch des Interviews und damit zu dessen Misserfolg führen kann.

Die Gesprächsführung sollte statt dessen geprägt sein durch persönliche Ansprache des Beschäftigten (keine Passivformulierungen) mit kurzen und präzisen Fragestellungen, wobei der Interviewer seine Fragen nacheinander stellt, jeweils bezogen auf einen konkreten Aspekt der Tätigkeit.

🕮	Richter/Gamisch 2007a, S. 38 ff.

11.4 Vorbereitung und Durchführung der Interviews

t	**55. These:** Die Vorbereitung und Durchführung der Interviews muss sorgsam geplant werden.

11.4.1 Vorbereitung

11.4.1.1 Anzahl der Interviewer

106 Das ist eine Frage nach Kosten und Kompetenz. Hebt man die Kostenseite hervor, ist der Einzel-Interviewer zu bevorzugen. Um die Ergebnisse des Stelleninterviews erfolgreich verwerten zu können, sollte aber die Kompetenzfrage wichtiger sein. So ist der Einzel-Interviewer nur dann einzusetzen, wenn er entsprechend eingruppierungsrechtlich und organisatorisch qualifiziert ist. Hingegen können durch den Einsatz mehrer Interviewer die erforderlichen Kompetenzen besser abgedeckt werden. Sie müssen sich nicht auf eine Person konzentrieren. Um solche Synergien effektiv zu nutzen, ist eine geeignete Aufgabenteilung festzulegen:

1. Die Vorbereitung des Interviews übernehmen alle gemeinsam.
2. Für das Interview selbst sollten die Rollen im Interview-Team aufgeteilt werden: Ein Interviewer übernimmt die Rolle des Gesprächführers und ein anderer die Rolle des Protokollführers.

Eine solche Aufteilung sollte aber nicht als statisches Gebilde aufgefasst werden. Vielmehr ist die Rollenverteilung situationsbedingt anzupassen: Stellt sich beim vorab benannten Gesprächsführer im Dialog mit dem Beschäftigten keine konstruktive Gesprächsatmosphäre ein, kann der andere Interviewer nach und nach über Zwischenfragen und -erläuterungen diese Rolle übernehmen. So ist der Erfolg des Interviews auch auf der Kommunikationsebene besser abgesichert.

> Aus praktischen und kostentechnischen Erwägungen sollte sich ein Interview-Team auf zwei Personen beschränken, da sich beim Einsatz mehrerer Interviewer die Bearbeitungszeiten regelmäßig nur minimal reduzieren.
> (vgl. Richter/Gamisch 2007a, S. 22 ff. m. w. N.)

11.4.1.2 Materialsammlung und -analyse

Mit ihr verschafft sich der Interviewer einen Überblick und ein Grundverständnis für den fachlichen und organisatorischen Hintergrund der zu interviewenden Stelle/n.

Auch ohne vorliegende Stellenbeschreibung finden sich in der Regel andere Dokumentationsmittel, die Aufschluss über die Aufgaben- und Kompetenzverteilung einer Dienststelle/eines Betriebes geben:

- Organigramme
- Geschäftsverteilungspläne
- Funktionsdiagramme
- Funktionsbeschreibungen
- Organisationshandbücher
- Notfallpläne

Ergänzend dazu sind berufskundliche Informationen hilfreich (Informationen zu einzelnen Berufen: www.berufenet.arbeitsagentur.de bzw. www.studienwahl.de mit weiterführenden Links).

11.4.1.3 Zeitpunkt und Dauer des Interviews

Der Zeitpunkt sollte so gewählt sein, dass dem Beschäftigten zwischen Ankündigung und Durchführung ausreichend Vorbereitungszeit verbleibt. Ein Zeitraum von vier Wochen hat sich bewährt.

Die Interviewdauer ist abhängig:

- vom Wissens- und Erfahrungshorizont des Interviewers über das Aufgabengebiet (z. B. aus der Materialsammlung und -analyse)
- von der Vorbereitung durch den Beschäftigten
- der Breite und Komplexität des Aufgabengebietes.

Danach ist eine Stelle mit nur wenigen recht gleichförmig wiederkehrenden Aufgaben zügiger zu erfassen als z. B. planende oder konzeptionelle Tätigkeiten. Nach den o. g. genannten Abhängigkeiten ist daher mit einer durchschnittlichen Interviewdauer von 1,5 bis 2,5 Zeitstunden zu rechnen.

11.4.1.4 Interviewort

Das sollte erfahrungsgemäß der Arbeitsplatz des Beschäftigten sein, da er viele Vorteile mit sich bringt: Der Beschäftigte verhält sich in seiner gewohnten Arbeitsumgebung häufig entspannter. Durch die Möglichkeit schnell und unkompliziert Arbeitsproben zu sichten, kann das Aufgabengebiet zudem anschaulicher und praxisnäher geschildert werden.

Ein Besprechungsraum als Interviewort sollte danach nur gewählt werden, wenn am Arbeitsplatz kein ungestörtes Gespräch möglich ist. Dieser sollte aber nicht weit vom Arbeitsplatz entfernt sein, um auch in diesen Fällen bei Bedarf schnell auf Arbeitsproben zugreifen zu können.

Richter/Gamisch 2007a, S. 22 ff.

11.4.2 Durchführung

107 Das Interview gliedert sich in eine Einführungsphase, in eine Befragungsphase und in eine Schlussphase.

Die Einführungsphase soll eine positive Gesprächsatmosphäre schaffen und den Beschäftigten zur Mitarbeit motivieren. Sie beginnt mit der persönlichen Vorstellung und anschließendem Small-Talk, z. B. über die Anreise, das Wetter, Besonderheiten in der Dienststelle wie Plakatierungen oder Veranstaltungen, die Arbeitsumgebung/Bürogestaltung (Zimmerpflanzen, aufgestellte Bilder, Plakate) und endet mit Ausführungen zu Sinn, Zweck und Ablauf des Gespräches. Sie bilden gleichzeitig den Übergang zur Befragungsphase.

In der Befragungsphase werden alle erforderlichen Informationen zur Beschreibung der Stelle gesammelt. Grundlage ist das Stellenbeschreibungsformular (s. S. 78 ff.).

Für die jeweils zu ermittelnden Aspekte eignen sich folgende Fragetypen:

Frageform / Thema (= Teil der Stellenbeschreibung)	1. Themenbeginn, 2. Themenende		
	Grundformen	**Unterformen**	**Beispiele**
Organisatorische Eingliederung der Stelle	1. öffnend 2. schließend	1. Informationsfrage 2. Alternativfrage	1. Wer ist Ihr Vorgesetzter? 2. Haben Sie einen Fach- und/oder Disziplinarvorgesetzten?
Arbeitszeit	1. schließend 2. geschlossen	1. Alternativfrage 2. Kontrollfrage	1. Arbeiten Sie Voll- oder Teilzeit? 2. Teilzeit mit wie viel Wochenstunden?
Stellvertretung	1. öffnend 2. schließend	1. Informationsfrage 2. Alternativfrage	1. Wer vertritt Sie? 2. Vertritt der Kollege Sie voll oder nur für bestimmte Aufgaben?
Tätigkeitsbeschreibung: Arbeitsvorgang bzw. Tätigkeit	1. öffnend offen 2. geschlossen	1. Informationsfrage Hypothetische Frage 2. Kontrollfrage	1. Welche Aufgaben haben Sie zu erfüllen? 2. Sie erledigen die Aufgabe also abschließend?
Tätigkeitsbeschreibung: Kenntnisse und Vorschriften	1. öffnend 2. geschlossen	1. Informationsfrage 2. Kontrollfrage	1. Welches Wissen und welche praktischen Erfahrungen benötigen Sie für die Aufgabe XY? 2. Sie kommen ohne Rechtsprechung und Literatur aus?

Frageform / Thema (= Teil der Stellenbeschreibung)	1. Themenbeginn, 2. Themenende		
	Grundformen	**Unterformen**	**Beispiele**
Befugnisse	1. offen 2. geschlossen	1. Hypothetische Frage 2. Kontrollfrage	1. Was passiert wenn Sie sich mit XY nicht einigen können? Wer entscheidet dann? 2. So wie ich Ihre Ausführungen verstanden habe, können und dürfen Sie also ohne die Genehmigung des Vorgesetzten diese Frage entscheiden?
(ggf.) Zeitanteile	1. öffnend 2. geschlossen	1. Informationsfrage 2. Kontrollfrage	1. Welchen Anteil an Ihrer Gesamtarbeitszeit macht die Aufgabe XY aus? 2. Die Aufgabe XY nimmt also den Hauptteil Ihrer Gesamtarbeitszeit in Anspruch?

(siehe Richter/Gamisch 2007a, S. 51 f.)

Nach Ermittlung aller Sachinformationen dient die Schlussphase dem ausgewogenen Abschluss des Gesprächs. Im Allgemeinen setzt sich eine Gesprächsschlussphase zusammen aus:

1. inhaltlicher Zusammenfassung
2. formellem Ausblick
3. persönlichem Resümee und der
4. Verabschiedung.

Für das Stelleninterview ist eine inhaltliche Zusammenfassung allerdings nicht sinnvoll, denn erst die Gesamtheit der unterschiedlichen Einzelinformationen ermöglicht die Realisierung der weiteren Schritte (= Stellenbeschreibung). Hier sollte stattdessen noch einmal auf Punkte aufmerksam gemacht werden, die während der Befragungsphase noch offen geblieben sind. In der Regel sind das Fragen zu bestimmten Aufgaben, Kompetenzen und Schnittstellen.

Der Ausblick informiert den Beschäftigten über das weitere inhaltliche und formelle Vorgehen.

Durch das persönliche Resümee des Interviewers erhält der Beschäftigte eine (so weit möglich) positive Rückmeldung zur Gesprächsatmosphäre. Hat sich ein Stelleninhaber besonders gut und strukturiert auf das Interview vorbereitet, sollte er auch ausdrücklich gelobt werden.

🕮	Richter/Gamisch 2007a, S. 22 ff.

11.4.3 Umgang mit Widerständen

Obwohl es sich – auf den ersten Blick – beim Stelleninterview um ein rein sachbezoge- 108
nes Gesprächsthema zu handeln scheint, muss mit Widerständen gerechnet werden. So fühlen sich Beschäftigte durch die Fragen des Interviewers angegriffen oder zwei-

feln die Kompetenz des Interviewers an, »seinen Arbeitsplatz« und sein Berufs- und Erfahrungswissen angemessen bewerten zu können. Das für Laien schwer verständliche Eingruppierungsrecht schürt nicht nur (unberechtigte?) Ängste, sondern schafft auch Widerstand. Widerstand ist eine emotionale Sperre gegen eine Maßnahme, die dem Grunde nach sinnvoll, »logisch« oder dringend notwendig erscheint. Dieser tritt nicht nur verbal in Vorwürfen, Angriffen, Diskussionen und Gegenargumenten zu Tage, sondern auch nonverbal durch Unruhe und »Frontenbildung« bis hin zur Verweigerung von Kommunikation und innerer Kündigung bei den Beschäftigten.

	Dem kann nur durch eine offensive und frühzeitige Informationspolitik vorgebeugt werden. Haben diese präventiven Maßnahmen keinen Erfolg, können die drohenden Konflikte gezielt mit Hilfe von in- oder externen Moderatoren oder Mediatoren bewältigt werden.

	Doppler/Lauterburg 2008, S. 289 ff.

11.5 Der rechtliche Rahmen

109

t	**56. These:** Der rechtliche Rahmen muss in jedem Fall beachtet werden.

Es kann nur angeraten werden, den Beschäftigten über das geplante Stelleninterview zu informieren und ihm ausreichende Gelegenheit zur Vorbereitung zu geben (ebenso Krasemann 2005, 12. Kapitel, Rdnr. 300 f.). Dies geht einher mit der Frage, ob der Beschäftigte Anspruch darauf hat, dass ein Mitglied des Personal- bzw. Betriebsrates an dem Stelleninterview teilnimmt.

Bei der Beantwortung dieser Frage ist zunächst zu berücksichtigen, welchem Zweck das Stelleninterview dient. Es ist Basis für die Ermittlung der tarifkonformen Eingruppierung. Eingruppierungen sind mitbestimmungspflichtig. So hat der Personal- bzw. Betriebsrat einen umfassenden Informationsanspruch im Rahmen des Mitbestimmungsverfahrens. Im Grunde kann dieser ohne Vorlage einer aktuellen Stellenbeschreibung einer entsprechenden personellen Einzelmaßnahme (Eingruppierung, Umgruppierung, Übertragung einer höher oder niedriger zu bewertenden Tätigkeit) nicht zustimmen (vgl. Richter/Gamisch 2009b, S. 181 f. m. w. N.).

Dementsprechend ist es allgemein anerkannt, dass Personal- bzw. Betriebsratsmitglieder Beschäftigte am Arbeitsplatz aufsuchen dürfen, um deren Eingruppierung zu überprüfen (vgl. BAG Urteil vom 17. Januar 1989, AP Nr. 1 zu § 2 LPVG NW). Das BVerwG geht allerdings davon aus, dass dafür das Einvernehmen mit der Dienststellenleitung herzustellen ist (vgl. BVerwG Urteil vom 9. März 1990, Az.: 6 P 15.88, PersR 1990, S. 177; siehe auch Altvater/Hamer/Kröll 2008, § 68 Rdnr. 18 c m. w. N.).

Beschäftigte im Geltungsbereich des Betriebsverfassungsgesetzes können nach § 82 Abs. 2 BetrVG zudem verlangen, »dass ihm die Berechnung und Zusammensetzung seines Arbeitsentgelts erläutert und dass ihm die Beurteilung seiner Leistungen sowie die Möglichkeiten seiner beruflichen Entwicklung im Betrieb erläutert werden«, wobei er ein Mitglied des Betriebsrats hinzuziehen kann. Beim Stelleninterview gilt es aber zu berücksichtigen, dass trotz der weiten Auslegung des § 82 Abs. 2 BetrVG (vgl. Fitting 2008, § 82 Rdnr. 9 ff. m. w. N.) das Stelleninterview nicht solchen Zwecken dient. Nicht die Beurteilung usw. des Beschäftigten, sondern die Anforderungen »auf der Stelle« sollen ermittelt werden. So kann auch im Geltungsbereich des BetrVG kein Teilnahmerecht eines Betriebsrats beim Stelleninterview aus den Regelungen des § 82 Abs. 2 BetrVG abgeleitet werden.

Da es eine vergleichbare Regelung im Personalvertretungsrecht des Bundes und der Länder nicht gibt, kann auch dem Personalrat kein Teilnahmerecht zugestanden werden.

Dies schließt aber nicht aus, den Personal- bzw. Betriebsrat umfassend über Inhalt, Form und Verfahren der Stelleninterviews zu informieren. Dieser Unterrichtungsanspruch besteht und ergibt sich aus dem allgemeinen Informationsanspruch (vgl. § 68 Abs. 2 BPersVG; § 80 Abs. 2 BetrVG).

🕮	Richter/Gamisch 2007a, S. 88 ff.

11.6 ... und die praktische Ausgestaltung

Unabhängig von der rechtlichen Situation kann es sinnvoll sein, den Personal- bzw. Betriebsrat im Rahmen sog. Stellenbewertungskommissionen auch an den Stelleninterviews zu beteiligen (vgl. Richter/Gamisch 2009b, S. 184 f.). 110

In diesem Fall spricht nichts dagegen, dass Personal- bzw. Betriebsratsmitglieder als Beauftragte der Stellenbewertungskommission ggf. auch Interviews durchführen.

!	Zudem kann eine Teilnahme im Einzelfall zur Sicherstellung der Information des Personal- bzw. Betriebsrats sinnvoll sein.

Wird dieser Weg beschritten, ist zu beachten, dass mehr als zwei Interviewer den Erfolg des Gesprächs regelmäßig gefährden. Dem Vorschlag, dass »mehrere Mitglieder der Bewertungskommission mit dem Arbeitsplatzinhaber« sprechen (so Krasemann 2005, 12. Kapitel, Rdnr. 297), kann nicht gefolgt werden. In einer solchen Konstellation von vier und mehr Interviewern entsteht keine konstruktive Gesprächsatmosphäre. Dieses Vorgehen erinnert vielmehr an einen Kammertermin vor dem Arbeits- bzw. Verwaltungsgericht. Das Anliegen einer erfolgreichen Kommunikation als wichtigen Baustein für den Erfolg der Methode wird in den Hintergrund gedrängt.

11.7 Fazit

111 | t | **57. These:**
Das Stelleninterview zur Eingruppierung bietet viele Vorteile!

Das Stelleninterview ist ein effektives Instrument, um im Dialog mit den betroffenen Beschäftigten tarifkonforme Stellenbeschreibungen als Eingruppierungsbasis zu entwickeln. Ein so kommuniziertes Organisations- und Führungsmittel wird in der Praxis eher angenommen und gelebt als ein ohne Beteiligung der betroffenen Beschäftigten ausgearbeitetes »Stück Papier«, in dem sich dieser regelmäßig auch nicht wieder findet.

Das Stelleninterview trägt wesentlich dazu bei, die Akzeptanz von Stellenbeschreibungen und Eingruppierungen zu stärken.

12. Kapitel: Coaching der Führungskräfte

12.1 Anwendungsvoraussetzungen

t	**58. These:** Das Training und Coaching kann unter bestimmten Voraussetzungen eine sinnvolle Alternative darstellen.	112

Nicht immer und nicht überall ist ein Verfahren sinnvoll, welches den Stelleninhaber einbindet, denn das Interview-Verfahren lebt von der Prämisse, dass die Stelleninhaber auskunftsfähig und -willig sind. Das wird nicht immer der Fall sein.

Aber auch der Arbeitgeber kann ein Interesse daran haben, dass die Stellenbeschreibungen nicht mit Hilfe der Stelleninhaber selbst erstellt werden. Das gilt vor allem dann, wenn die Stellenbeschreibungen nicht als allgemeines Organisations- und Führungsmittel genutzt werden, sondern lediglich der Vorbereitung der neuen Entgeltordnung und damit der Bewertung der Stellen dienen.

Zweckmäßiger Weise erfolgt in diesen Fällen die Erstellung der Stellenbeschreibungen durch die Führungskräfte.

12.2 Vorbereitung und Durchführung des Coachings

t	**59. These:** Einer Qualifizierung der Führungskräfte im Vorfeld kommt die entscheidende Bedeutung zu.	113

Im Gegensatz zum Interview-Verfahren darf diese Aufgabenverteilung aber nicht dazu führen, dass die Stellenbeschreibungen dann keine ausreichende Bewertungsbasis liefern.

	Um zu sachgerechten und verwertbaren Ergebnissen zu gelangen sind die Führungskräfte entsprechend zu schulen und zu coachen.

	vertiefend Richter/Gamisch 2009b, S. 56 ff.

12.3 Fazit

114 Bei der Wahl des Verfahrens kann es keine Patentrezepte geben. Aus unserer praktischen Erfahrung heraus bevorzugen wir grundsätzlich das Stelleninterview. Die Rahmenbedingungen vor Ort können im Einzelfall für das Coaching-Verfahren sprechen.

13. Kapitel: Die Stellenbewertungskommission

13.1 Begriff und Aufgaben

Die Stellenbewertungskommission ist ein betriebliches Gremium. Es besteht aus Vertretern des Arbeitgebers, des Betriebs- bzw. Personalrats und aus Vertretern der Fachbereiche. 115

Ihre Aufgabe liegt in der gemeinsamen Feststellung der tarifkonformen/rechtskonformen Bewertung der Stellen der Dienststelle.

13.2 Vorteile und Nachteile im Überblick

116

	Vorteile	Nachteile
	Anknüpfen an Vorerfahrungen, z. B. ■ beim betrieblichen Eingliederungsmanagement gemäß § 84 Abs. 2 SGB IX ■ Gesundheits- und Qualitätszirkeln ■ Projektarbeit	Leistungsgrenzen nicht alle Stellen können bewertet werden
	Baustein einer modernen Unternehmenskultur/Verwaltungskultur	Rollenkonflikt bei/m ■ Betriebsrat ■ Personalrat
	Bündelung von Fachkompetenz	Stelleinterviews und Arbeitsplatzbesichtigungen durch die Stellenbewertungskommission sind praktisch nicht möglich
	Einbindung in Veränderungsprozesse	
	■ Kommunikation und Konfliktbearbeitung eröffnen ■ unterschiedliche Sichtweisen zwischen/zur Begründung eigener Ansichten und Wertungen	
	Kostenersparnis	
	Sicherung und Erhöhung der Ergebnisakzeptanz	

	Vorteile	Nachteile
	Synergieeffekte z. B. im Zusammenhang mit der betrieblichen/paritätischen Kommission gem. § 17 Abs. 2 TVöD/TV-L bzw. § 18 TVöD bzw. gem. § 2 der Anlage zu § 56 BT-V und § 53 BT-B	
	Transparenz der Ergebnisfindung	
	Verringerung von Widerständen	
	Stärkung der vertrauensvollen Zusammenarbeit zwischen Dienststellenleitung und Arbeitnehmervertretung	

13.3 Zu den Vorteilen und ...

117 **60. These:**
Die Arbeit mit der Stellenbewertungskommission bringt Vorteile.

Das gilt insbesondere aus personalwirtschaftlicher Sicht. So ist an erster Stelle der Kostenvorteil zu nennen: Schon die Erarbeitung von Stellenbeschreibungen, ohne die im TVöD/TV-L jetzt und zukünftig nicht eingruppiert werden kann, bringt nicht unerhebliche Kosten mit sich.

s. die beispielhafte Kostenberechnung bei Richter/Gamisch 2009b, S. 63 ff.

Der Einsatz von Einzelbewertern erscheint auf den ersten Blick die kostengünstigste Variante.

61. These:
In der Vorbereitungsphase auf die neue Entgeltordnung kann die Einführung einer Stellenbewertungskommission sinnvoll sein.

Eine derart verkürzte Sicht ist aber nicht Ziel führend, denn bei einer Bewertung durch das (größere) Gremium verbreitern sich die Entscheidungsgrundlagen und Wissensressourcen: Das Wissen der Kommission wird von Anfang an (gemeinsam) genutzt, ruhende Ressourcen können erschlossen und ein gemeinsamer Lernprozess angestoßen werden. Auch erhalten die Arbeitnehmervertreter einen praktischen Eindruck, welche Mühen zur Ermittlung der tarifgerechten Eingruppierung aufgewendet werden und wie schwierig zuweilen die Ergebnisfindung ist. Dem pauschal vorgetragenen Argument, die Eingruppierung sei unzutreffend (niedrig) kann auf diesem Wege wirksam vorgebeugt werden.

In vielen Fällen der Bewertung von komplizierten technischen Berufen (z. B. im Bereich der Informationstechnologie oder der Ingenieurwissenschaften) sind Einzelbewerter zuweilen überfordert. Dann müssen regelmäßig viele und wiederholte Rückfragen an die Fachabteilungen, die Arbeitnehmervertretung und andere Stellen gestellt werden, so dass von einer »Gruppenbewertung im Umlaufverfahren« gesprochen werden kann.

> Alternativ bietet es sich an, von Anfang an die jeweiligen Experten zu versammeln.

Sofern es um die flächendeckende Beschreibung und Bewertung der Dienststelle oder um Muster- bzw. Schlüsselstellen geht, kann die – im Verfahren transparente – Bewertung durch eine Kommission darüber hinaus die allgemeine Akzeptanz erhöhen. Die sich notwendigerweise anschließenden Mitbestimmungsverfahren im Hinblick auf die Ein- oder Umgruppierung können dann vereinfacht und beschleunigt durchgeführt werden. Auf diesem Wege erreicht man einerseits eine Beschleunigung des Beteiligungsverfahrens, die Kosten senkt. Andererseits wird die »psychologische Verbindlichkeit« erhöht, so dass geringere Widerstände der Beschäftigten sowie der Führungskräfte auftreten. Widerstände sind ein nicht zu unterschätzender offener und/oder verdeckter Kostenfaktor (zum Begriff und Umfang mit Widerständen siehe Richter/Gamisch 2009b, S. 68 ff. m. w. N.).

> An dieser Stelle muss dem weit verbreiteten Missverständnis bei Praktikern entgegengewirkt werden, dass über eine Stellenbewertungskommission die Mitbestimmung umgangen werden kann (vgl. LAG Rheinland-Pfalz Urteil vom 16. August 2000, Az.: 10 Sa 369/00; AG Mainz, auswärtige Kammer Bad Kreuznach Urteil vom 22. Mai 2002, Az.: 7 Ca 2157/01 zit. nach Hofmann 2009, St 130).

Die Kommission stellt lediglich ein »Instrument« dar, welches die Klärung der Eingruppierung professionalisiert, beschleunigt und konsensfähig macht. Haben beide Seiten um die Eingruppierung »gerungen«, besteht die Chance, dass das auf diesem Wege erreichte Ergebnis bei der Beschlussfassung des Personal- bzw. Betriebsrats der Sache nach »durchgewinkt« wird. Diese Hoffnung kann natürlich nicht verhindern, dass das Gremium (weitere, berechtigte) Fragen stellt. Ein gut vorbereitetes »Expertenvotum« der Stellenbewertungskommission wird das Arbeitnehmergremium aber nicht unbeeindruckt lassen. Das gilt insbesondere, wenn die Arbeitnehmervertreter der Kommission ihr Gremium regelmäßig über den Verlauf und den Stand der Bewertungen unterrichten.

Zugleich bildet die Stellenbewertungskommission einen weiteren Baustein beim Aufbau einer modernen Unternehmens- bzw. »Verwaltungskultur«, indem sie mit anderen modernen Managementinstrumenten verbunden wird. Im Zentrum steht eine erfolgreiche Kommunikation. Entscheidend ist, dass sich diese nicht auf die Kommunikation zwischen wenigen Mitarbeitern beschränkt (zu den Grundlagen der Kommunikation z. B. im Stelleninterview zur Eingruppierung siehe Richter/Gamisch 2007a, S. 25 ff. m. w. N.).

Angestrebt wird vielmehr, dass sich über den Einzelnen hinaus auch das Unternehmen bzw. die Verwaltung verbessert und weiter entwickelt, wie es insbesondere bei der Einführung des leistungsorientierten Entgelts in § 18 Abs. 1 TVöD-VKA bzw. Präambel des LeistungsTV-Bund sowie der Verankerung des betrieblichen Gesundheitsmanagements im Sozial- und Erziehungsdienst gem. § 2 der Anlage zu § 56 BT-V und § 53 BT-B propagiert wird.

Aus der Sicht der Organisations- und Personalentwicklung ist das »lebenslange Lernen« des Einzelnen (vgl. § 5 TVöD/TV-L) und die Fortentwicklung des Unternehmens bis hin zur »Lernenden Organisationen« unverzichtbar. Damit diese Idee eine praktische und greifbare Realität wird, müssen zunächst die betrieblichen Rahmenbedingungen Kommunikation ermöglichen, die zugleich Lernprozesse umfasst und diese initiiert.

	Wichtig ist, dass auf den Ebenen Unternehmen/Organisation, Aufgabenfeld/Tätigkeiten, Weiterbildung/Qualifikation und Mitarbeiter/Führungskraft grundlegende innovations- und lernfördernde Voraussetzungen geschaffen werden, z. B. durch Problemlösungsgruppen, Qualitätszirkel usw. im Allgemeinen und Stellenbewertungskommissionen im Besonderen. Auf diesem Wege wird also zugleich aktive Personal- und Organisationsentwicklung betrieben (vgl. Richter/Kaufmann, AuA 1/2004, S. 30 ff. m. w. N.), die sich nicht auf eine »aktionistische« und systemlose Einführung von leistungsorientierter Entgeltsysteme beschränkt.

Mit der Stellenbewertungskommission wird diese »abstrakte Idee« konkret in die betriebliche Wirklichkeit heruntergebrochen:

Die Kommission als Team nutzt die Fähigkeiten ihrer Mitglieder zur gemeinsamen Zielerreichung. Sie ist ein Beispiel für praktische Teamentwicklung: »Moderne Organisationen kommen ohne Team- oder Gruppenarbeit nicht aus. Es gibt rationale Gründe dafür, wie die Lösung komplexer Aufgaben, welche die Expertise unterschiedlicher Personen erfordern, aber auch idealistische, wie der Wunsch nach Halt und Einbindung in einem Team.« (Krämer 2007, S. 190).

Möglicherweise kann an konkrete Vorerfahrungen bei Projektarbeit, Qualitäts- und Gesundheitszirkeln und insbesondere dem betrieblichen Eingliederungsmanagement gem. § 84 Abs. 2 SGB IX angeknüpft werden. Gerade bei letzterem werden Gruppen bzw. Teams gebildet, die z. B. als Steuerungs- oder Integrationsgruppe/-team bezeichnet werden (zur betrieblichen Gesundheitsförderung siehe Bueren 2002, S. 22 und 30 ff. mit Beispielen, auch für kleinere Arbeitgeber; zur Neuregelung im Sozial- und Erziehungsdienst s. Richter/Gamisch 2010). Von derartigen Gedanken sind auch die Tarifvertragsparteien geleitet worden, wenn sie im Zusammenhang mit dem leistungsorientierten Entgelt betriebliche bzw. Paritätische Kommissionen vorschreiben.

Fraglich ist, inwieweit die Arbeit derartiger Gruppen verrechtlicht werden soll. Vor allem bei der betrieblichen bzw. Paritätischen Kommission wird die Arbeit mit Geschäftsordnungen empfohlen (vgl. Litschen/Kratz/Weiß 2006, S. 251 ff. und S. 320 ff.). Diese Vereinbarung juristischer Regeln soll die Arbeit erleichtern und vor missbräuchlichen Verhalten der Beteiligten schützen. In diesen Fällen liegt eine Störung vor, die vor allem auf der Beziehungsebene liegen dürfte. Da sich die Vorteile der Stellenbewertungskommission aus der ergebnisorientierten Kommunikation in der (Experten-)Gruppe ergeben, dürfte eine juristische Bearbeitung des Problems über eine Geschäftsordnung wenig helfen. Es wird ratsamer sein, in erster Hinsicht die Probleme innerhalb der Gruppe zu bearbeiten und einen erfolgreichen Kommunikationsprozess wieder in Gang zu bringen.

> Sollten gleichwohl rechtliche Regeln erforderlich oder gewünscht sein, kann sich die Stellenbewertungskommission eine Geschäftsordnung geben (s. 13.7.). Alternativ könnte sich das Gremium auf Kommunikationsregeln vereinbaren (s. 13.8.). Derartige »psychologische« Vereinbarungen haben sich bei Lerngruppen (Lehr-Lernvertrag) oder bei Moderations- beziehungsweise Mediationsverfahren bewährt.

13.4 ... und Nachteilen im Einzelnen

> **62. These:** 118
> Denkbare Nachteile sollten nicht ausgeblendet werden.

Stellenbewertungskommissionen sind also eine Chance. Aus unserer Beratungspraxis heraus können wir berichten, dass sich dieses Instrument regelmäßig bewährt. Es müssen aber die Leistungsgrenzen einer Arbeit in der Kommission erkannt werden.

> Es wird regelmäßig nicht möglich sein, alle Stellen im Detail durch die Stellenbewertungskommission bewerten zu lassen. Das gilt auch für die Einführung der neuen Entgeltordnung.

Mehr Erfolg verspricht der Ansatz, die Bewertung auf Muster- und Schlüssel- sowie strittige Stellen zu beschränken. Ferner können Stellen in der Kommission behandelt werden, bei denen es um eine (beantragte) Umgruppierung des Beschäftigten geht, zum Beispiel einen Höhergruppierungsantrag des Mitarbeiters oder eine (korrigierende) Herabgruppierung durch den Arbeitgeber.

Auch ist es praktisch nicht möglich, dass die Stellenbewertungskommission selber als Gremium Stelleninterviews beziehungsweise Arbeitsplatzbesichtigungen vornimmt, weil sie für diese Methoden zu groß ist.

Den Vorschlag von Krasemann, wonach

> »... mehrere Mitglieder der Bewertungskommission mit dem Arbeitsplatzinhaber (sprechen)«

(Krasemann 2005, 12. Kapitel Rdnr. 297)

halten wir für unpraktisch und ungeeignet (vgl. Richter/Gamisch 2007a, S. 91).

> Es muss also die Bereitschaft bestehen, sich durch einen Einzelbewerter oder ein Bewerterteam (s. u.) zuarbeiten zu lassen.

Aus der Sicht einer Arbeitnehmervertretung darf ein weitere denkbarer Nachteil nicht verschwiegen werden: Der Betriebs- bzw. Personalrat wird mit in die Verantwortung genommen, »sitzt von Anfang mit im Boot« und trägt gleichzeitig – für alle Beschäftigten sichtbar – auch die Mitverantwortung. Das wird nicht jedes Gremium wünschen und schätzen, denn es wird die Frage auftauchen, »wer das Boot steuert«.

Die Arbeit mit der Stellenbewertungskommission setzt natürlich die erforderliche Handlungskompetenz und sog. Schlüsselqualifikationen aller Beteiligter voraus (s. Kapitel 10).

1. Es müssen Mindestkenntnisse
   im materiellen Eingruppierungsrecht und
   der Organisationslehre vorhanden sein (Fachkompetenz).
2. Die Mitglieder der Kommission müssen in der Lage sein
   miteinander zu kommunizieren und
   Konflikte konstruktiv zu lösen (Methodenkompetenz).
3. Dabei sind sie in der Lage, ihre Rollen (Führungskraft, Sachbearbeiter Organisation/Personal, Arbeitnehmervertreter und so weiter) zu erkennen und die der anderen Kommissionsmitglieder zu achten (Sozialkompetenz).

Bei der Arbeit im Gremium spiegelt sich an dieser Stelle die bereits angesprochene Unternehmens- bzw. Verwaltungskultur wider: Dann wird sichtbar, ob die unterschiedlichen Lager – Arbeitgeber – Personal-/Betriebsrat – mehr auf Mit- oder Gegeneinander ausgerichtet sind und wie der Grundsatz der vertrauensvollen und partnerschaftlichen Zusammenarbeit i. S. d. § 2 Abs. 1 BPersVG/BetrVG praktisch umgesetzt wird.

Bevor ein solches Gremium ins Leben gerufen wird, sollte kritisch hinterfragt werden:

1. Sind die Kosten einer Stellenbewertungskommission berechnet worden?
2. Wurden Alternativen geprüft?
3. Kann an Vorerfahrungen mit anderen Gruppen angeknüpft werden?
4. Verfügen alle Mitglieder der Stellenbewertungskommission über die erforderliche Handlungskompetenz:
   - Fachkompetenz
   - Methodenkompetenz
   - Sozialkompetenz?
5. Besteht eine Akzeptanz für die Stellenbewertungskommission in der Dienststellenleitung und bei der Arbeitnehmervertretung (Betriebs-/Personalrat)?

13.5 Die Organisation der Stellenbewertungskommission

119 **63. These:**
Die Organisation der Stellenbewertungskommission muss durchdacht sein.

Die Zusammensetzung und Größe der Stellenbewertungskommission ist eine Grundsatzfrage. In der Literatur wird vorgeschlagen, dass drei Mitglieder aus dem Personal- und Organisationsbereich und ein Mitglied des Personal- bzw. Betriebsrats zusammentreten. Dabei soll die Kommission höchstens fünf Personen umfassen. Von der ständigen Einbindung unmittelbarer Vorgesetzter wird abgeraten, weil es diesen an der nötigen Distanz zum Stelleninhaber fehlen soll (vgl. Krasemann 2005, 12. Kapitel, Rdnr. 250). Sollte die letztgenannte Aussage zutreffen, wirft dies ein schlechtes Licht auf die Führungskräfte. Würde dieses Argument tatsächlich greifen, müsste man an der Führungsfähigkeit des Vorgesetzten zweifeln.

> Zu beachten ist, dass keine pauschalen Empfehlungen gegeben werden können.

Organisatoren und Personaler müssen in Ansehung der konkreten Verhältnisse vor Ort entscheiden, welches der richtige Weg ist. Bei der Beschränkung auf einen Vertreter der Arbeitnehmerseite werden allerdings die Vorteile der Arbeit in der Gruppe aufgegeben, da die Gefahr besteht, dass der einzelne Arbeitnehmervertreter gegen andere, ggf. dominierende Mitglieder der Kommission nicht bestehen kann.

Zusammensetzung der Stellenbewertungskommission

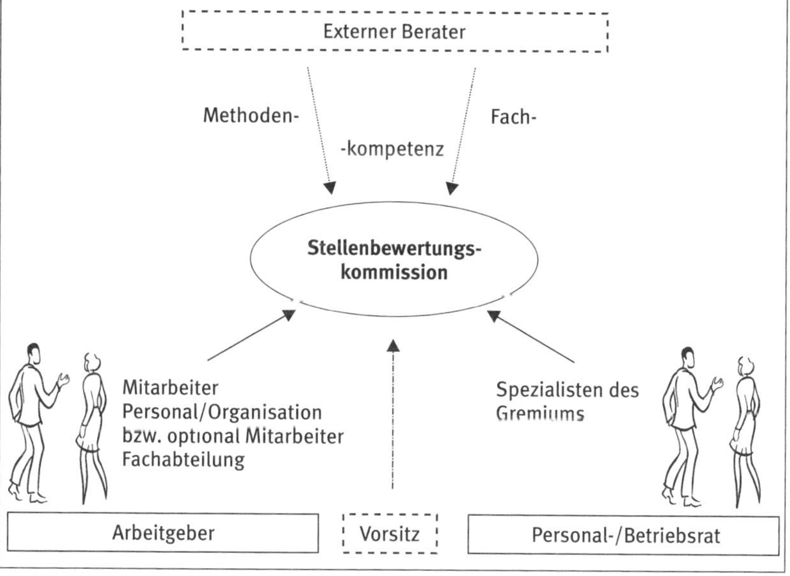

(Quelle: IPW – Institut für PersonalWirtschaft GmbH)

Vor diesem Hintergrund stellt sich die grundsätzliche Frage, ob die Kommission paritätisch besetzt wird (z. B. vier Mitglieder), oder dem Arbeitgeber bzw. der Dienststellenleitung eine Art Vorsitz (z. B. fünf Mitglieder) eingeräumt wird. Arbeitgeber neigen dazu, auf eine ungerade Zahl zu drängen, »um sich das Letztentscheidungsrecht zu sichern«. Dabei wird verkannt, dass wie oben dargestellt, die Stellenbewertungskommission gerade keine Entscheidungen treffen kann. Sie wirkt vielmehr über die Methode, mit anderen Worten den Weg der Ergebnisfindung. Letztendlich entscheidet der Personal- bzw. Betriebsrat, ob er dem gefundenen Ergebnis zustimmt oder nicht. Ein in der Kommission vom Arbeitgeber »durchgedrücktes« Bewertungsergebnis bietet gerade keine Gewähr, dass die Arbeitnehmervertretung eine gleiche rechtliche Bewertung vornimmt. Die oben genannten Vorteile der »Beschleunigung durch Konsens« kommen dann gerade nicht zum Tragen.

> Insofern spricht einiges dafür, paritätische Kommissionen zu bilden, in denen dann ein faktischer Einigungszwang gilt.

Solange die Gruppe selber kein tragfähiges Ergebnis gefunden hat, braucht ein Mitbestimmungsverfahren nicht eingeleitet werden. Auf diesem Wege werden langwierige Beteiligungsverfahren oder gar die Anrufung der Einigungsstelle bzw. des Arbeitsgerichts vermieden.

Wird der Arbeitgeber durch zwei Personen vertreten, kann ein Mitglied aus dem Bereich Personal/Organisation und ein weiteres Mitglied aus der jeweilige Fachabteilung entsandt werden, das kein ständiges Mitglied der Kommission wäre. Für den Personal-/ Betriebsrat agieren diejenigen Mitglieder des Gremiums, die sich aufgrund ihrer internen Zuständigkeit im Wege von sog. Spezialschulungen die erforderliche Handlungskompetenz angeeignet haben. In keinem Fall darf ein »asymmetrischer« Wissensstand entstehen. Der Erfolg der Stellenbewertungskommission hängt entscheidend davon ab, dass alle Mitglieder der Gruppe und gerade auch die Vertreter der Arbeitnehmer wissen, wovon sie reden (zum Schulungsanspruch des Personal- bzw. Betriebsrats siehe Richter/Gamisch 2009b, S. 185 f. m. w. N.).

Eine andere Frage ist, ob auf externe Mitglieder zurückgegriffen werden soll. Außenstehende (Rechts-)Berater können einerseits Methodenkompetenz einbringen: Der Moderator sorgt für den konstruktiven Ablauf der Sitzungen. Angefangen von der wertschätzenden Kommunikation der Beteiligten, über die Bearbeitung von entstehenden Konflikten bis hin zur Ergebnissicherung und Verfahrensbeschleunigung. Anderseits kann auf diesem Wege (fehlende) Fachkompetenz in die Gruppe geholt werden. In der Praxis wird regelmäßig (aus Kostengründen) auf die Teilnahme Dritter verzichtet (werden). Denkbar wäre es, Experten punktuell in besonderen Situationen einzusetzen – z. B. als Gutachter für ausgesuchte schwierige tarifrechtliche Fragen oder im Einzelfall als Moderator bzw. Mediator bei eskalierenden Konflikten.

> einführend zur Mediation im Arbeitsrecht siehe Richter/Schwartz, AuA 2000, S. 582 ff.;
> Richter in Nickels/Repkewitz/Richter, Köln 2009, Stichwort Mediation

13.6 Die Arbeit der Stellenbewertungskommission

Vor diesem Hintergrund sind Stellenbewertungskommissionen eine Chance. Aus unse- 120
rer Beratungspraxis heraus können wir berichten, dass die Mehrheit der Dienststellen, die dieses Instrument einsetzt, dies mit Erfolg tut.

Die Arbeit der Stellenbewertungskommission

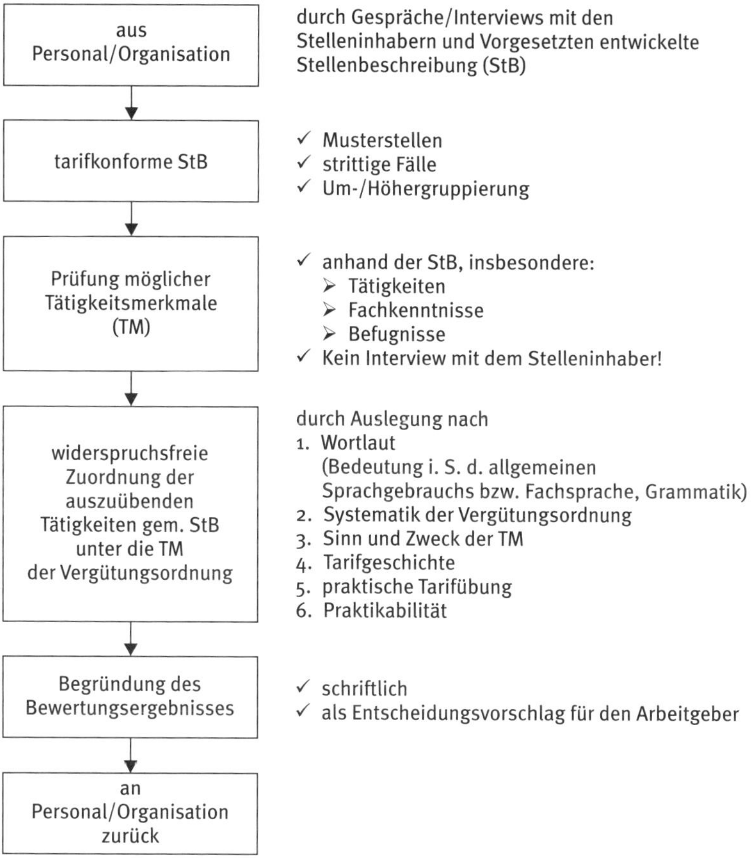

(Quelle: IPW – Institut für PersonalWirtschaft GmbH)

So sollte die Arbeit der Kommission darin bestehen auf Basis vorhandener Stellenbeschreibungen Muster-/Schlüssel- sowie strittige Stellen zu bewerten. Ebenso können Stellen in der Kommission behandelt werden, bei denen es um eine (beantragte) Umgruppierung des Beschäftigten, z. B. einen Höhergruppierungsantrag des Mitarbeiters oder eine (korrigierende) Herabgruppierung durch den Arbeitgeber geht.

Die Mitglieder prüfen dann gemeinsam die Erfüllung der neuen Eingruppierungsmerkmale anhand der vorhandenen Stellenbeschreibungen. Diese sollte so aufbereitet sein, dass ein Stelleninterview durch die gesamte Kommission nicht erforderlich ist. Bestehende Unklarheiten/Rückfragen sollten vielmehr in Abstimmung mit der für die Erstellung der Stellenbeschreibung zuständigen Stelle (Personal/Organisation bzw. Führungskraft) geklärt werden und im Vorhinein in eine geänderte Stellenbeschreibung einfließen.

Das Bewertungsergebnis gilt es schriftlich festzuhalten und zu begründen. Ein solches Protokoll kann so aussehen:

Protokoll
der Sitzung der Stellenbewertungskommission vom ..., Beginn: ..., Ende: ...
Anwesende:
ständige Mitglieder: ...
nicht ständige Mitglieder: ...
Sachverständige: ...
Gäste: ...
TOP 1: Bewertung der Stelle ‹›
Ergebnis: Die Stelle ist tarifgerecht nach Entgeltgruppe XY zu bewerten.
Begründung:
1. Bildung von Arbeitsvorgängen ...
2. Bewertung der einzelnen Arbeitsvorgänge
3. ggf. Zusammenfassende Betrachtung
Umsetzung: Der Bewertungsvorschlag wird durch das ständige Mitglied XY an die zuständige Stelle zur Einleitung des Mitbestimmungsverfahrens weitergeleitet bis
Termin: ...

Insgesamt können diese Arbeitsregeln beispielsweise in Form einer Geschäftsordnung bestimmt werden.

13.7 Muster: Geschäftsordnung Stellenbewertungskommission

121 **§ 1**
Ziel der Stellenbewertungskommission
Die Stellenbewertungskommission (nachfolgend: StBK) ist ein Gremium, das hinsichtlich der Ermittlung der zutreffenden Eingruppierung gemäß § 22 BAT (§ 12 TVöD/TV-L) beschlussreife Vorschläge für die Unternehmensleitung/Dienststellenleitung und den Betriebsrat/den Personalrat unterbreitet.

§ 2

Zusammensetzung des Gremiums

(1) Die StBK setzt sich wie folgt zusammen:

Bereich	Vertreten durch	Stimmberechtigung
Unternehmensleitung/ Dienststellenleitung	(o. Leiter ...) 1. Personalreferent ... 2. das nicht ständige Mitglied des jeweiligen Organisationsbereichs	ja
Betriebsrat/ Personalrat	3. ... 4. ...	ja
Personalabteilung Organisationsabteilung	Sachbearbeiter	ja

Die StBK wählt aus ihrer Mitte jährlich alternierend eine/n Vorsitzende/n und eine/n stellvertretende/n Vorsitzender/e sowie eine/n Schriftführer/in.
Die Wahl erfolgt für ... Monate. Danach erfolgt eine Neuwahl durch die StBK.Ständiges Mitglied der StBK sind ... Als nicht ständiges Mitglied entsendet der jeweilige Organisationsbereich, in dem die zu bewertende Stelle angesiedelt ist, ein stimmberechtigtes Mitglied als weiteren Vertreter der Unternehmensleitung/Dienststellenleitung.

(2) Für jedes Mitglied der StBK ist ein stellvertretendes Mitglied zu Benennen (siehe Anlage).

(3) Ein Mitglied der StBK kann das Gremium jederzeit verlassen. Hierzu muss es eine schriftliche Erklärung gegenüber dem/der Vorsitzenden oder im Verhinderungsfall dem/der stellvertretenden Vorsitzenden abgeben.

(4) Scheidet ein Mitglied der StBK aus dem Unternehmen/der Dienststelle beziehungsweise dem Betriebsrat/dem Personalrat aus oder kann es die Aufgaben aufgrund betrieblicher/dienstlicher Gründe nicht mehr wahrnehmen, so hat die Unternehmensleitung/Dienststellenleitung beziehungsweise der Betriebsrat/der Personalrat rechtzeitig eine/n Nachrücker/in zu benennen.

(5) Scheidet der/die Vorsitzende oder der/die stellvertretende Vorsitzende aus, erfolgt eine Neuwahl.

(6) Die StBK kann auf Antrag eines Mitgliedes der StBK durch einfache Mehrheit ein Mitglied aus der StBK ausschließen.

(7) Die Mitglieder können Sachverständige und Gäste vorschlagen, die aufgrund einstimmigen Beschlusses/einfacher Mehrheit der Mitglieder der StBK berufen werden.

§ 3

Organisation der Kommissionsarbeit

(1) Die Sitzungen werden vom/von der Vorsitzenden der StBK einberufen.

(2) Die Einladung zu den regelmäßigen Sitzungen erfolgt schriftlich unter Mitteilung der Tagesordnung. Sie soll den Mitgliedern der StBK spätestens eine Woche vor der Sitzung zugegangen sein.

(3) Die Sitzungen der StBK finden monatlich/vierteljährlich/halbjährlich statt. Termin für die Sitzung ist jeweils ... um ... Uhr.

(4) Die Tagesordnung wird 14 Tage vor dem Sitzungstermin vom/von der Vorsitzenden im Einvernehmen mit den Mitgliedern der StBK festgelegt. Vorschläge zur Tagesordnung sind bis zwei Wochen vor dem Sitzungstermin an den/die Vorsitzende/n zu richten.

(5) Die Sitzungsunterlagen (Stellenbeschreibungen, Ergebnisse des Stelleinterviews, Organigramme, Funktionsdiagramme, Geschäftsverteilungspläne und so weiter) werden spätestens drei Tage vor dem Sitzungstermin durch den/die Vorsitzende/n an die Mitglieder der StBK versendet.

(6) Der/die Vorsitzende ist berechtigt, bei Notwendigkeit außerordentliche Sitzungen der StBK anzusetzen.
Er/sie ist dazu in folgenden Fällen verpflichtet:
a) Antrag eines Mitglieds der StBK
b) besondere Gründe
Eine außerordentliche Sitzung muss spätestens innerhalb von drei Arbeitstagen nach Antragstellung einberufen werden.

(7) Die Absage einer Sitzung erfolgt durch schriftliche Benachrichtigung der Mitglieder der StBK. Die Absage soll grundsätzlich drei Arbeitstage vor dem Termin erfolgen. Aus besonderen Gründen kann von dieser Frist abgewichen werden.

(8) Die Geschäftsführung der StBK obliegt einer/einem Beschäftigten der Personalabteilung/Organisationsabteilung. Sie/er nimmt an den Sitzungen ohne Stimmrecht teil.

§ 4
Ablauf der Kommissionssitzungen
(1) Die Sitzungen der StBK werden von dem/der Vorsitzenden, im Falle der Verhinderung von dem/der stellvertretenden Vorsitzenden, geleitet.

(2) Der/die Vorsitzende erteilt in der Sitzung das Wort in der Reihenfolge der Wortmeldungen.

§ 5
Beschlussfassung
(1) Beschlüsse werden einstimmig/mit einfacher Mehrheit gefasst. Die StBK ist beschlussfähig, wenn mehr als die Hälfte ihrer Mitglieder anwesend ist. Bei Stimmengleichheit ist der Antrag abgelehnt.

(2) Umlaufbeschlüsse über Eingruppierungen sind unzulässig. In anderen Fällen können Umlaufbeschlüsse mit der einfachen Mehrheit gefasst werden.

§ 6
Protokollierung

(1) Das Sitzungsprotokoll wird durch den/die Schriftführer/in erstellt. Es wird ein Standardformular verwendet. Es ist vollständig auszufüllen und enthält eine Liste der Sitzungsteilnehmer/innen.

(2) Das Protokoll soll zu jedem Tagesordnungspunkt enthalten:
a) Nummer und Thema
b) Kurzbeschreibung des Themas
c) Beschlüsse

(3) Das Protokoll wird bis zum ... an die Mitglieder der StBK versendet. In besonderen Fällen (zum Beispiel Urlaub, Arbeitsunfähigkeit) ist das Protokoll bis spätestens ... vor der nachfolgenden Sitzung zu versenden.

§ 7
Vertraulichkeit

Die Sitzungen der StBK sind nicht betriebsöffentlich/dienststellenöffentlich. Die Mitglieder der StBK sind verpflichtet, die ihnen im Zusammenhang bekannt gewordenen Informationen vertraulich zu behandeln.

Informationen aus der Sitzung dürfen nur über den Dienstweg beziehungsweise nach Maßgabe des Betriebsverfassungsgesetzes/Bundespersonalvertretungsgesetzes/Landespersoanvertretungsgesetzes weitergegeben werden.

§ 8
Änderungen der Geschäftsordnung

(1) Die Geschäftsordnung kann von der StBK durch Sitzungsbeschluss einstimmig/mit absoluter Mehrheit geändert werden. Es ist die Anwesenheit von mindestens drei/vier Mitgliedern erforderlich.

(2) Die Geschäftsordnung gilt bis zum 31.12. des laufenden Jahres. Erfolgen keine Änderungen der Geschäftsordnung, so verlängert sie sich um ein Jahr.

(3) Anträge auf Änderung sind schriftlich an den/die Vorsitzende/n zu richten.

§ 9
Auflösung

Die Auflösung der StBK muss schriftlich bei dem/der Vorsitzenden der StBK beantragt werden. Der Antrag muss eine schriftliche Begründung enthalten.

Die Auflösung erfolgt durch einfache Mehrheit. Es ist erforderlich, dass mindestens drei/vier Mitglieder anwesend sind.

§ 10
In-Kraft-Treten

Die Geschäftsordnung tritt am ... in Kraft.

13.8 Muster: Memorandum für die Arbeit in der Stellenbewertungskommission

122 Die o. g. Alternative zur Geschäftsordnung könnte wie folgt aussehen:

> Die Stellenbewertungskommission (StBK) verfolgt gemeinsam das ZIEL, die korrekte Eingruppierung jeder Stelle für den Arbeitgeber/die Dienststellenleitung und den Betriebsrat/Personalrat als entscheidungsreifes ERGEBNIS vorzubereiten.
>
> Die Mitglieder der StBK verfolgen gemeinsam folgende ZIELE.
>
> Sie würdigen jederzeit ihre gemeinsame ZUSAMMENARBEIT.
>
> Sie anerkennen vor dem Hintergrund der gemeinsamen Verantwortung für das Unternehmen/die Dienststelle die INTERESSEN des Arbeitgebers/der Dienststellenleitung einerseits und des Betriebsrats/Personalrats andererseits.
>
> Alle ENTSCHEIDUNGSERHEBLICHEN Tatsachen werden gemeinsam ermittelt, beraten und bewertet.
>
> Die Mitglieder erarbeiten gemeinsam die LÖSUNG.
>
> Am Ende dieses Kommunikationsprozesses steht ein gemeinsames ERGEBNIS.
>
> Die Mitglieder der StBK vereinbaren deshalb folgende REGELN für die Arbeit und Kommunikation:
>
> ...

13.9 Fazit

123 | *t* | **64. These:**
Die Arbeit des Gremiums beschleunigt die Entscheidungsfindung. |
|---|---|

Die Stellenbewertungskommission kann ein sinnvolles Instrument der Eingruppierung darstellen. Die professionelle Organisation der Kommunikation in einer Expertengruppe macht die Ermittlung der Eingruppierung transparent, beschleunigt die Entscheidungsfindung, stellt eine fundierte Vorbereitung des Mitbestimmungsverfahrens vor und schafft so die breite Akzeptanz für die gefundenen Ergebnisse. Zugleich ist sie ein wesentlicher Baustein einer modernen Unternehmens- bzw. Verwaltungskultur.

14 Kapitel: Mitbestimmung der Arbeitnehmervertretung

14.1 Unterschiedliche Beteiligungsrechte ...

t	**65. These:** Ohne die Arbeitnehmervertretung ist die Einführung der neuen Entgeltordnung nicht möglich!	124

Zunächst ist zu berücksichtigen, dass die verschiedenen Beteiligungsrechte des Personal- bzw. Betriebsrates grundsätzlich an (allgemeine) personelle (Einzel-)Maßnahmen anknüpfen. An dieser Stelle unterscheiden wir die Vorbereitungshandlungen von der späteren konkreten Realisierung durch die Eingruppierung.

Bereits im Vorfeld sind Beteiligungsrechte der Arbeitnehmervertretung zu beachten. Das Personalvertretungs- und Betriebsverfassungsrecht kennen weder für die Personalbemessung noch für die Zeiterfassung bzw. -ermittlung eigene Beteiligungstatbestände. In diesem Zusammenhang kommen folgende Beteiligungsrechte in Frage:

14.1.1 Personalplanung (§ 78 Abs. 3 BPersVG, § 92 BetrVG)

Personalplanung im Sinne der Mitbestimmungsgesetze umfasst jede Planung des Arbeitgebers zur Deckung des gegenwärtigen und künftigen Bedarfs an Personal. Dieser wird sowohl quantitativ als auch qualitativ bestimmt. So umfasst die Personalplanung alle Planungselemente zur Deckung des Personalbedarfs, im Einzelnen (vgl. Fitting 2008, § 92, Rdnr. 5 ff.): 125

Personalplanung – Planungselemente	
Personalbedarf	Personalbeschaffung
Personaleinsatz	Personalentwicklung
Personalabbau	

Systemisch zählt die Ermittlung von Zeitanteilen zur Personalbedarfsplanung. Allerdings ist die Ermittlung des Ist-Zustandes nur ein optionaler und vorbereitender Teil der Ermittlung des quantitativen Personalbedarfs. Werden also IST-Zeiten ausschließlich zur Feststellung der Verteilung der Arbeitszeit auf einzelne Arbeitsvorgänge ermittelt, ist dies kein Element einer systematischen Analyse und Bewertung des Personalbedarfs. Dementsprechend ist eine Information und Beratung mit dem Personal- bzw. Betriebsrat über eine solche Maßnahme nicht erforderlich.

14.1.2 Ordnung und Verhalten in der Dienststelle/im Betrieb (§ 75 Abs. 3 Nr. 15 BPersVG, § 87 Abs. 1 Nr. 1 BetrVG)

126 Gegenstand des Mitbestimmungsrechts ist das betriebliche Zusammenleben und Zusammenwirken der Arbeitnehmer, das der Arbeitgeber kraft seines Direktionsrechts beeinflussen und koordinieren kann (vgl. BAG Urteil vom 27. Januar 2004, AP Nr. 40 zu § 87 BetrVG 1972 – Überwachung, BAG Urteil vom 11. Juni 2002, AP Nr. 38 zu § 87 BetrVG 1972 – Ordnung des Betriebes).

Unter diesem Aspekt sind Zeiterfassungsmaßnahmen nicht zu subsumieren. Dass solche Aufzeichnungen »irgendwie Schlüsse auf das Verhalten des Arbeitnehmers zulassen, ist denkbar, aber unerheblich«, da mit dem Mitbestimmungstatbestand des § 87 Abs. 1 Nr. 1 BetrVG nur solche Maßnahmen erfasst sind, die **gezielt** das Verhalten des Beschäftigten regeln und damit auch die äußere Ordnung des Betriebes betreffen (siehe LAG Schleswig-Holstein Urteil vom 4. Juli 1985, Az.: 5 Ta BV 15/85, BB 1985, S. 1791 f.).

14.1.3 Technische Einrichtungen zur Überwachung (§ 75 Abs. 3 Nr. 17 BPersVG, § 87 Abs. 1 Nr. 6 BetrVG)

127 Das Mitbestimmungsrecht greift, wenn die technische Einrichtung objektiv und unmittelbar zur Kontrolle geeignet ist – unabhängig davon, ob der Arbeitgeber ein solches Ziel mit der Anschaffung verbindet bzw. die Daten auch tatsächlich auswertet. Zu diesen technischen Einrichtungen zählen alle it-gestützten Datenerfassungsprogramme.

Erfolgt die Zeiterfassung hingegen manuell (handschriftliche Aufzeichnungen mit und ohne Stoppuhr) und wird dies erst im Anschluss daran it-technisch erfasst und verarbeitet, liegt kein Mitbestimmungsrecht des Personal-/Betriebsrates vor (vgl. BAG Urteil vom 27. Januar 2004, AP Nr. 40 zu § 87 BetrVG 1972 – Überwachung, BAG Urteil vom 11. Juni 2002, AP Nr. 38 zu § 87 BetrVG 1972 – Ordnung des Betriebes).

t	**66. These:** Die frühzeitige Einbindung der Arbeitnehmervertretung beschleunigt das Verfahren und verringert Widerstände!

14.2 ... und ihre Anwendung

Geht es dann vom Stelleninterview über die Stellenbeschreibung zur Eingruppierung ist folgendes zu beachten:

14.2.1 Eingruppierung

Im kollektiven Arbeitsrecht umfasst die Eingruppierung die Einordnung des einzelnen 128
Beschäftigten in ein kollektives Entgeltschema (vgl. BAG Urteil vom 17. März 2005, AP Nr. 90 zu § 1 TVG Tarifverträge Einzelhandel).

Der Begriff der Eingruppierung geht damit weiter als im Tarifrecht. Eingruppierung im Sinne des Tarifrechts umfasst regelmäßig nur die Zuordnung der auszuübenden Tätigkeit des Beschäftigten nach den Tätigkeitsmerkmalen der Vergütungsordnung (vgl. z. B. § 22 BAT).

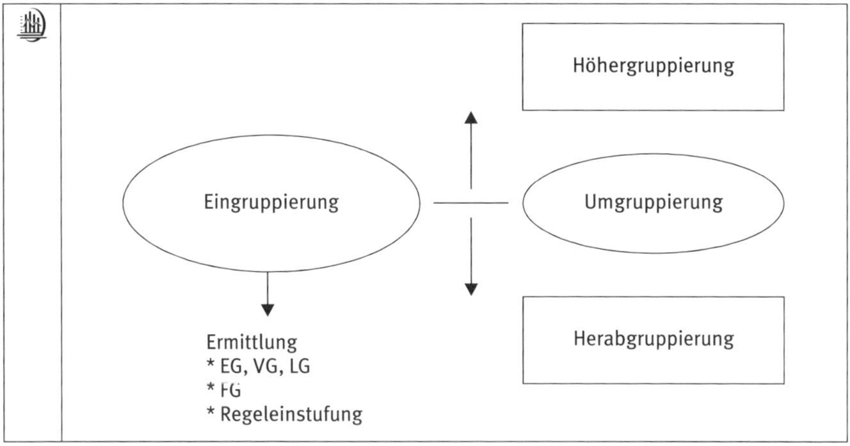

(Quelle: IPW – Institut für PersonalWirtschaft GmbH)

t	**67. These:** Das Bundesverwaltungsgericht räumt dem Personalrat neuerdings ein weites Mitbestimmungsrecht ein. Die Beteiligungsrechte des Betriebsrats stehen dem nicht nach.

Im Gegensatz dazu ist der Begriff der Eingruppierung als Einordnung in ein kollektives Entgeltschema weiter und umfasst:

1. die Entgeltgruppe und Fallgruppe (vgl. BAG Urteil vom 27. Juli 1993, AP Nr. 110 zu § 99 BetrVG 1972) als auch
2. die Stufenzuordnung im Rahmen der Einstellung (BVerwG Urteil vom 27. August 2008, 6 P 4.08 bzw. BVerwG 13. 10. 2009, 6 P 15.08; LAG Schleswig-Holstein Urteil vom 10. Januar 2008, Az.: 4 TaBV 27/07),

weil sich erst aus diesen Elementen das Entgelt des Beschäftigten ergibt.

Dabei spielt es auch keine Rolle aus welchem Grund ein solcher Akt der Einsortierung erforderlich wird. Die zum Teil (noch) vertretene Auffassung, dass eine Eingruppierung nur bei »erstmaliger« Zuordnung der vertraglich vereinbarten Tätigkeit zu einem kollektiven Entgeltsystem anfällt, greift zu kurz. So wurde klargestellt, dass eine mitbestimmungspflichtige Eingruppierung auch vorliegt, wenn sich die Arbeitsaufgaben im Verlauf des Arbeitsverhältnisses wesentlich ändern, so dass eine neue Eingruppierung vorzunehmen ist (vgl. Richter/Gamisch 2009b, S. 181 f. m. w. N.).

t	**68. These:** Die Einführung der neuen Entgeltordnung wird der Mitbestimmung der Arbeitnehmervertretung unterliegen.

Aber auch wenn sich nicht die Tätigkeit des Beschäftigten selbst, sondern das anzuwendende Entgeltschema ändert, liegt ein Fall der Eingruppierung vor (vgl. BAG Urteil vom 22. April 2009, Az.: 4 ABR 18/08). Diese Änderungen im laufenden Beschäftigungsverhältnis werden dementsprechend auch als Umgruppierung bezeichnet (vgl. BAG Urteil vom 6. August 2002, AP Nr. 27 zu § 99 BetrVG 1972 Eingruppierung; vgl. BAG Urteil vom 22. April 2009, Az.: 4 ABR 18/08).

So stellt nach Auffassung des BAG auch die Überleitung vom BAT in den TVöD/TV-L einen Fall der Umgruppierung dar (vgl. BAG Urteil vom 22. April 2009, Az.: 4 ABR 18/08). Entgegen der Auffassung des VG Mainz (Urteil vom 5. April 2006, Az.: 5 K 592/05 MZ, rkr., NZA-RR 2006, S. 502 ff.) besteht demnach ein Mitbestimmungsrecht des BR gem. § 99 BetrVG. Konkret obliegt dem BR ein Mitbeurteilungsrecht und damit ein Kontrollrecht, das sicherstellt, dass der Arbeitgeber die tariflich vorgegebenen Überleitungsregeln des TVÜ sachgerecht umgesetzt hat.

14.2.2 Stellenbeschreibung

129 Im Gegensatz dazu sind Stellenbeschreibungen, soweit sie keine (unmittelbaren) Auswirkungen auf die Mitarbeiter haben, mitbestimmungsfrei. Dies gilt aber nur dann, wenn der Sachbezug sichergestellt ist, d. h. keine personenbezogenen Daten erstmals ermittelt werden (weiterführend: Richter/Gamisch 2009b, S. 180 ff.).

Hingegen besteht eine Informationspflicht gem. § 78 Abs. 3 BPersVG und § 92 BetrVG, wenn Stellenbeschreibungen als Teil der Personalbedarfsplanung eingesetzt werden (vgl. BAG Urteil vom 31. Januar 1984, AP Nr. 3 zu § 95 BetrVG 1972).

Der Mitbestimmungstatbestand greift erst durch den Einsatz der IT-Technik, d. h. in dem Moment, in dem die Personalabteilung Informationen zur Stellenbeschreibung per EDV erfasst und verarbeitet. Durch die Daten über Tätigkeiten, Zeitanteile und Arbeitszeit der Stelle sind Rückschlüsse auf das Leistungs- und Führungsverhalten des Mitarbeiters gem. § 75 III Nr. 17 BPersVG bzw. § 87 I Nr. 6 BetrVG möglich, da die in der Stellenbeschreibung gespeicherten Daten einen Vergleich von Soll- und Ist-Arbeitsleistung zulassen. Hinzukommt, dass sie mit zum Zwecke der Arbeitsauslastung ermittelten Daten, z. B. über Fallzahlen und vorhandenen Zeiterfassungen verknüpft werden könnten und damit ebenfalls geeignet sind, Arbeitsaufwands- oder Auslastungsdaten zu ermitteln.

14.2.3 Stelleninterview

Ein einheitliches Mitbestimmungsrecht bei Stelleninterviews besteht nicht. 130

Zunächst gilt für alle, dass Stelleninterviews keine unmittelbaren Auswirkungen auf den Beschäftigten haben. Da sich die verschiedenen Beteiligungsrechte des Personal- bzw. Betriebsrats grundsätzlich auf (allgemeine) personelle (Einzel-)Maßnahmen beziehen, kommen unterschiedliche Beteiligungsrechte in Frage:

Die Durchführung von Stelleninterviews kann die Anwendung mitbestimmungspflichtiger Personalfragebögen darstellen. Sie ermitteln personenbezogene Daten im Hinblick auf:

- allgemeine Fragen nach der Person (z. B. Name und Beschäftigungsdauer)
- persönliche Verhältnisse (z. B. Familienstand)
- den beruflichen Werdegang
- fachliche Kenntnisse und Fähigkeiten

Personalfragebögen dienen damit regelmäßig der Feststellung der Eignung des Bewerbers oder Beschäftigten für bestimmte Aufgaben (vgl. Richter/Gamisch 2009b, S. 180 f.).

Gegenstand des Stelleninterviews ist – wie auch bei der Stellenbeschreibung – nicht der Arbeitsplatzinhaber in Persona, sondern die ihm übertragenen Tätigkeiten.

Deshalb sind Gespräche und ggf. dabei verwendete Erhebungsbögen, die der sachbezogenen Stellenbeschreibung dienen sollen, grundsätzlich keine mitbestimmungspflichtigen Personalfragebögen (vgl. Fitting 2008, § 94 Rdnr. 7 m. w. N.).

Das setzt allerdings voraus, dass die Ergebnisse des Stelleninterviews keine Rückschlüsse auf das Führungs- und Leistungsverhalten bzw. die Eignung des Stelleninhabers zulassen. Werden unabhängig vom Zweck des Stelleninterviews personenbezogene Daten zur Personalentwicklung erhoben, z. B. Berufs-, IT- oder Sprachkenntnisse, liegt ein mitbestimmungspflichtiger Personalfragebogen vor (vgl. Richter/Gamisch 2009b, S. 181 m. w. N.).

Als weiteres Beteiligungsrecht kommt der Einsatz von Arbeitsmitteln in Frage. Darunter fallen insbesondere Notebooks und Diktiergeräte. Dieser ist auch im Rahmen von Stelleninterviews in der Regel mitbestimmungspflichtig, wenn der Einsatz von Informations- und Kommunikationstechnologie gem. § 75 Abs. 3 Nr. 17 BPersVG bzw. § 87 Abs. 1 Nr. 6 BetrVG objektiv der Überwachung des Beschäftigten dient.

14.3 Stellenbewertungskommission

Bei der Stellenbewertungskommission geht es um die praktische Frage, ob die Arbeit- 131
nehmervertretung bereits im Vorfeld eingebunden wird, damit sie später ihr Mitbestimmungsrecht gut informiert und frei von emotionalen Widerständen ausüben kann.

!	Über die Arbeit mit einer Stellenbewertungskommission kann nicht die Mitbestimmung der Arbeitnehmervertretung umgangen werden (vgl. LAG Rheinland-Pfalz Urteil vom 16. August 2000, Az.: 10 Sa 369/00; ArbG Mainz Urteil vom 22. Mai 2002, Az.: 7 Ca 2157/01, zit. nach Hofmann 1994, Stichwort 130; vgl. Sonntag/Bauer/Bockholt 2007, Rdnr. 74).

Die Kommission ist lediglich ein »Instrument«, das die Klärung der Eingruppierung professionalisiert, beschleunigt und konsensfähig macht. Wenn beide Seiten um die Eingruppierung »gerungen« haben, besteht die Chance, dass die auf diesem Wege erzielten Ergebnisse bei der Beschlussfassung der Arbeitnehmervertretung der Sache nach »durchgewinkt« werden.

Auf diesem Wege kann aber nicht verhindert werden, dass das Gremium (weitere, berechtigte) Fragen stellt. Ein gut vorbereitetes »Expertenvotum« der Stellenbewertungskommission wird den Betriebs- bzw. Personalrat aber nicht unbeeindruckt lassen. Das gilt vor allem, wenn die Arbeitnehmervertreter der Kommission ihr Gremium regelmäßig über den Verlauf und den Stand der Bewertungen informieren.

14.4 Schulungsanspruch

132 Die wirksame Ausübung der o. g. Beteiligungsrechte setzt ein entsprechendes Fachwissen voraus. Für den Regelungsbereich Eingruppierung hat der Personal- bzw. Betriebsrat einen Schulungsanspruch. Da Stelleninterview und Stellenbeschreibung Teil der Ermittlung der Eingruppierung sind, besteht auch hier ein Recht auf Schulung.

Dabei handelt es sich gem. § 46 Abs. 6 BPersVG bzw. § 37 Abs. 6 BetrVG um sog. Spezialschulungen. So hat nicht jedes Personal- bzw. Betriebsratsmitglied diesen Anspruch, sondern das im Gremium für diese Aufgabe zuständige (vgl. Richter/Gamisch 2009b, S. 185 m. w. N.).

!	Über diese rein rechtliche Frage gilt es zu berücksichtigen, dass ein ungleicher Wissensstand zu Unsicherheiten führt, die regelmäßig in Widerstand und unnötige Kosten münden. Deshalb ist die Schulung auch im Interesse des Arbeitgebers.

14.5 Fazit

133 Im eigenen Interesse sollte der Arbeitgeber die Arbeitnehmervertretung frühzeitig beteiligen. Alle Vorbereitungsleistungen, vom Interview über die Zeitermittlung bis hin zur Stellenbeschreibung, dienen der Vorbereitung der Eingruppierung. Diese fällt in die Beteiligungsrechte der Arbeitnehmervertreter. Fehler in der Anwendung, die erst im Rahmen der Eingruppierungsprüfung zu Tage treten, verteuern das Verfahren unnötig.

So kann die frühzeitige und umfassende Information der Arbeitnehmervertretung zur Sicherstellung einer effizienten und zielorientierten Vorbereitung auf die neue Entgeltordnung beitragen.

15. Kapitel: Ausblick

134 Die nächsten Monate werden zeigen, in welche Richtung sich die neue Entgeltordnung bewegt.

Trotz der langjährigen Kritik am alten Eingruppierungsrecht des BAT zeichnet sich kein Systemwechsel ab. Im Gegenteil: Die bisherigen Regelungen werden weitergeführt und auf den Arbeiterbereich ausgedehnt.

Die Zukunft wird zeigen, ob scheinbar kleinere Detailänderungen Auswirkungen auf das Gesamtkonzept haben werden.

Nach den Erfahrungen mit dem leistungsorientierten Entgelt ist nicht zu erwarten, dass das komplizierte und nicht praktikable ver.di-Modell eine Chance auf Umsetzung hat.

Möglicherweise werden auf diesem Weg Hoffnungen auf ein »gerechteres« Eingruppierungsrecht zerstört. Der Rechtssicherheit würde es eher dienen, wenn die bewährten Strukturen gestrafft werden, in der Sache aber erhalten bleiben.

Dieses ernüchternde Resümee mag zunächst erschrecken. Vielleicht macht ja die Erkenntnis Mut, dass nicht alles schlecht ist, was über Jahrzehnte gewachsen ist.

Eine andere Frage ist es, ob die Verwaltungen endlich bereit sind, sich auf das Eingruppierungsrecht wirklich einzulassen und dieses korrekt anzuwenden. Denn wer sich mit diesem System beschäftigt, wird mit gutem Erfolg sicher eingruppieren.

Unser Ziel bestand darin, Ihnen als Leser das Rüstzeug zu vermitteln, um sich auf das alte neue Recht einzustellen.

Als Autoren freuen wir uns selbstverständlich über Ihr direktes Feedback: kritische Anregungen, Nachfragen oder Erfahrungsberichte. Sie erreichen uns über die Kanzlei Brüggemann & Richter und das Institut für PersonalWirtschaft (IPW) GmbH in Fulda:

www.brueggemann-richter.de

www.ipw-fulda.de

Bei der Vorbereitung und Einführung der neuen Entgeltordnung wünschen wir Ihnen viel Erfolg!

Anhang

§ 22 BAT Eingruppierung

(1) [1]Die Eingruppierung der Angestellten richtet sich nach den Tätigkeitsmerkmalen der Vergütungsordnung (Anlage 1 a und 1 b). [2]Der Angestellte erhält Vergütung nach der Vergütungsgruppe, in der er eingruppiert ist.

(2) [1]Der Angestellte ist in der Vergütungsgruppe eingruppiert, deren Tätigkeitsmerkmalen die gesamte von ihm nicht nur vorübergehend auszuübende Tätigkeit entspricht.

[2]Die gesamte auszuübende Tätigkeit entspricht den Tätigkeitsmerkmalen einer Vergütungsgruppe, wenn zeitlich mindestens zur Hälfte Arbeitsvorgänge anfallen, die für sich genommen die Anforderungen eines Tätigkeitsmerkmals oder mehrerer Tätigkeitsmerkmale dieser Vergütungsgruppe erfüllen. [3]Kann die Erfüllung einer Anforderung in der Regel erst bei der Betrachtung mehrerer Arbeitsvorgänge festgestellt werden (z. B. vielseitige Fachkenntnisse), sind diese Arbeitsvorgänge für die Feststellung, ob diese Anforderung erfüllt ist, insoweit zusammen zu beurteilen.

[4]Werden in einem Tätigkeitsmerkmal mehrere Anforderungen gestellt, gilt das in Unterabsatz 2 Satz 1 bestimmte Maß, ebenfalls bezogen auf die gesamte auszuübende Tätigkeit, für jede Anforderung.

[5]Ist in einem Tätigkeitsmerkmal ein von Unterabsatz 2 oder 3 abweichendes zeitliches Maß bestimmt, gilt dieses.

[6]Ist in einem Tätigkeitsmerkmal als Anforderung eine Voraussetzung in der Person des Angestellten bestimmt, muss auch diese Anforderung erfüllt sein.

Protokollnotizen zu Absatz 2:

1. Arbeitsvorgänge sind Arbeitsleistungen (einschließlich Zusammenhangsarbeiten), die, bezogen auf den Aufgabenkreis des Angestellten, zu einem bei natürlicher Betrachtung abgrenzbaren Arbeitsergebnis führen (z. B. unterschriftsreife Bearbeitung eines Aktenvorgangs, Erstellung eines EKG, Fertigung einer Bauzeichnung, Eintragung in das Grundbuch, Konstruktion einer Brücke oder eines Brückenteils, Bearbeitung eines Antrags auf Wohngeld, Festsetzung einer Leistung nach dem Bundessozialhilfegesetz). Jeder einzelne Arbeitsvorgang ist als solcher zu bewerten und darf dabei hinsichtlich der Anforderungen zeitlich nicht aufgespalten werden.
2. Eine Anforderung im Sinne des Unterabsatzes 2 ist auch das in einem Tätigkeitsmerkmal geforderte Herausheben der Tätigkeit aus einer niedrigeren Vergütungsgruppe.

(3) Die Vergütungsgruppe des Angestellten ist im Arbeitsvertrag anzugeben.

§ 12 TVÖD Eingruppierung (künftige Fassung)

§ 12 könnte folgenden Wortlaut haben:

(1) [1]Die Eingruppierung des / der Beschäftigten richtet sich nach den Tätigkeitsmerkmalen der Entgeltordnung (Anlage ...).

[2]Der/Die Beschäftigte erhält Entgelt nach der Entgeltgruppe, in der er/sie eingruppiert ist.

[3]Die/Der Beschäftigte ist in der Entgeltgruppe eingruppiert, deren Tätigkeitsmerkmalen die gesamte von ihm/ihr nicht nur vorübergehend auszuübende Tätigkeit entspricht.

[4]Die gesamte auszuübende Tätigkeit entspricht den Tätigkeitsmerkmalen einer Entgeltgruppe, wenn zeitlich mindestens zur Hälfte Arbeitsvorgänge anfallen, die für sich genommen die Anforderungen eines Tätigkeitsmerkmals oder mehrerer Tätigkeitsmerkmale dieser Entgeltgruppe erfüllen.

[5]*Kann die Erfüllung einer Anforderung in der Regel erst bei der Betrachtung mehrerer Arbeitsvorgänge festgestellt werden (...), sind diese Arbeitsvorgänge für die Feststellung, ob diese Anforderung erfüllt ist, insoweit zusammen zu beurteilen. [Entscheidung, ob entbehrlich, wird zurückgestellt bis Entgeltordnung vorliegt]*

[6]*Arbeitsvorgänge, die dieses Zeitmaß einzeln oder zusammen nicht erfüllen, sind der nächst niedrigeren Entgeltgruppe solange hinzuzurechnen, bis sich das Zeitmaß ergibt. Arbeitgebervorschlag aus ver.di-Sicht entbehrlich (Prüfvorbehalt).*

[7]Werden in einem Tätigkeitsmerkmal mehrere Anforderungen gestellt, gilt das in *Satz 4* bestimmte Maß, ebenfalls bezogen auf die gesamte auszuübende Tätigkeit, für jede Anforderung.

[8]*Ist in einem Tätigkeitsmerkmal ein von Satz 4 oder 7 abweichendes zeitliches Maß bestimmt, gilt dieses. [Entscheidung, ob entbehrlich, wird zurückgestellt bis Entgeltordnung vorliegt]*

[9]Ist in einem Tätigkeitsmerkmal als Anforderung eine Voraussetzung in der Person des/der Beschäftigten bestimmt, muss auch diese Anforderung erfüllt sein.

Protokollerklärung zu Absatz 1

1. [1]Arbeitsvorgänge sind Arbeitsleistungen (einschließlich Zusammenhangsarbeiten), die, bezogen auf den Aufgabenkreis der/des Beschäftigten, zu einem bei natürlicher Betrachtung abgrenzbaren Arbeitsergebnis führen (z. B. unterschriftsreife Bearbeitung eines Aktenvorgangs, eines Widerspruchs oder eines Antrags auf Wohngeld, Betreuung bzw. Pflege einer Person oder Personengruppe, Fertigung einer Bauzeichnung, Erstellung eines EKG, Durchführung einer Unterhalts- bzw. Instandsetzungsarbeit). [2]Jeder einzelne Arbeitsvorgang ist als solcher zu bewerten und darf dabei hinsichtlich der Anforderungen zeitlich nicht aufgespalten werden.
2. *Eine Anforderung im Sinne des Satzes 4 und 5 ist auch das in einem Tätigkeitsmerkmal geforderte Herausheben der Tätigkeit aus einer niedrigeren Entgeltgruppe. [Entscheidung ob entbehrlich, wird zurückgestellt bis Entgeltordnung vorliegt]*

(2) Die Entgeltgruppe des/der Beschäftigten ist im Arbeitsvertrag anzugeben.

(aus Hofmann, Tarifrecht im öffentlichen Dienst – Eingruppierung von A-Z)

§ 87 BetrVG Mitbestimmungsrechte

(1) Der Betriebsrat hat, soweit eine gesetzliche oder tarifliche Regelung nicht besteht, in folgenden Angelegenheiten mitzubestimmen:

1. Fragen der Ordnung des Betriebs und des Verhaltens der Arbeitnehmer im Betrieb;
2. Beginn und Ende der täglichen Arbeitszeit einschließlich der Pausen sowie Verteilung der Arbeitszeit auf die einzelnen Wochentage;
3. vorübergehende Verkürzung oder Verlängerung der betriebsüblichen Arbeitszeit;
4. Zeit, Ort und Art der Auszahlung der Arbeitsentgelte;
5. Aufstellung allgemeiner Urlaubsgrundsätze und des Urlaubsplans sowie die Festsetzung der zeitlichen Lage des Urlaubs für einzelne Arbeitnehmer, wenn zwischen dem Arbeitgeber und den beteiligten Arbeitnehmern kein Einverständnis erzielt wird;
6. Einführung und Anwendung von technischen Einrichtungen, die dazu bestimmt sind, das Verhalten oder die Leistung der Arbeitnehmer zu überwachen;
7. Regelungen über die Verhütung von Arbeitsunfällen und Berufskrankheiten sowie über den Gesundheitsschutz im Rahmen der gesetzlichen Vorschriften oder der Unfallverhütungsvorschriften;
8. Form, Ausgestaltung und Verwaltung von Sozialeinrichtungen, deren Wirkungsbereich auf den Betrieb, das Unternehmen oder den Konzern beschränkt ist;
9. Zuweisung und Kündigung von Wohnräumen, die den Arbeitnehmern mit Rücksicht auf das Bestehen eines Arbeitsverhältnisses vermietet werden, sowie die allgemeine Festlegung der Nutzungsbedingungen;
10. Fragen der betrieblichen Lohngestaltung, insbesondere die Aufstellung von Entlohnungsgrundsätzen und die Einführung und Anwendung von neuen Entlohnungsmethoden sowie deren Änderung;
11. Festsetzung der Akkord- und Prämiensätze und vergleichbarer leistungsbezogener Entgelte, einschließlich der Geldfaktoren;
12. Grundsätze über das betriebliche Vorschlagswesen;
13. Grundsätze über die Durchführung von Gruppenarbeit; Gruppenarbeit im Sinne dieser Vorschrift liegt vor, wenn im Rahmen des betrieblichen Arbeitsablaufs eine Gruppe von Arbeitnehmern eine ihr übertragene Gesamtaufgabe im Wesentlichen eigenverantwortlich erledigt.

(2) [1]Kommt eine Einigung über eine Angelegenheit nach Absatz 1 nicht zustande, so entscheidet die Einigungsstelle. [2]Der Spruch der Einigungsstelle ersetzt die Einigung zwischen Arbeitgeber und Betriebsrat.

§ 92 BetrVG Personalplanung

(1) [1]Der Arbeitgeber hat den Betriebsrat über die Personalplanung, insbesondere über den gegenwärtigen und künftigen Personalbedarf sowie über die sich daraus ergebenden personellen Maßnahmen und Maßnahmen der Berufsbildung anhand von Unterlagen rechtzeitig und umfassend zu unterrichten. [2]Er hat mit dem Betriebsrat über Art und Umfang der erforderlichen Maßnahmen und über die Vermeidung von Härten zu beraten.

(2) Der Betriebsrat kann dem Arbeitgeber Vorschläge für die Einführung einer Personalplanung und ihre Durchführung machen.

(3) Die Absätze 1 und 2 gelten entsprechend für Maßnahmen im Sinne des § 80 Abs. 1 Nr. 2 a und 2 b, insbesondere für die Aufstellung und Durchführung von Maßnahmen zur Förderung der Gleichstellung von Frauen und Männern.

§ 94 BetrVG Personalfragebogen, Beurteilungsgrundsätze

(1) [1]Personalfragebogen bedürfen der Zustimmung des Betriebsrats. [2]Kommt eine Einigung über ihren Inhalt nicht zustande, so entscheidet die Einigungsstelle. [3]Der Spruch der Einigungsstelle ersetzt die Einigung zwischen Arbeitgeber und Betriebsrat.

(2) Absatz 1 gilt entsprechend für persönliche Angaben in schriftlichen Arbeitsverträgen, die allgemein für den Betrieb verwendet werden sollen, sowie für die Aufstellung allgemeiner Beurteilungsgrundsätze.

§ 95 BetrVG Auswahlrichtlinien

(1) [1]Richtlinien über die personelle Auswahl bei Einstellungen, Versetzungen, Umgruppierungen und Kündigungen bedürfen der Zustimmung des Betriebsrats. [2]Kommt eine Einigung über die Richtlinien oder ihren Inhalt nicht zustande, so entscheidet auf Antrag des Arbeitgebers die Einigungsstelle. [3]Der Spruch der Einigungsstelle ersetzt die Einigung zwischen Arbeitgeber und Betriebsrat.

(2) [1]In Betrieben mit mehr als 500 Arbeitnehmern kann der Betriebsrat die Aufstellung von Richtlinien über die bei Maßnahmen des Absatzes 1 Satz 1 zu beachtenden fachlichen und persönlichen Voraussetzungen und sozialen Gesichtspunkte verlangen. [2]Kommt eine Einigung über die Richtlinien oder ihren Inhalt nicht zustande, so entscheidet die Einigungsstelle. [3]Der Spruch der Einigungsstelle ersetzt die Einigung zwischen Arbeitgeber und Betriebsrat.

(3) [1]Versetzung im Sinne dieses Gesetzes ist die Zuweisung eines anderen Arbeitsbereichs, die voraussichtlich die Dauer von einem Monat überschreitet, oder die mit einer erheblichen Änderung der Umstände verbunden ist, unter denen die Arbeit zu leisten ist. [2]Werden Arbeitnehmer nach der Eigenart ihres Arbeitsverhältnisses üblicherweise nicht ständig an einem bestimmten Arbeitsplatz beschäftigt, so gilt die Bestimmung des jeweiligen Arbeitsplatzes nicht als Versetzung.

§ 98 BetrVG Durchführung betrieblicher Bildungsmaßnahmen

(1) Der Betriebsrat hat bei der Durchführung von Maßnahmen der betrieblichen Berufsbildung mitzubestimmen.

(2) Der Betriebsrat kann der Bestellung einer mit der Durchführung der betrieblichen Berufsbildung beauftragten Person widersprechen oder ihre Abberufung verlangen,

wenn diese die persönliche oder fachliche, insbesondere die berufs- und arbeitspädagogische Eignung im Sinne des Berufsbildungsgesetzes nicht besitzt oder ihre Aufgaben vernachlässigt.

(3) Führt der Arbeitgeber betriebliche Maßnahmen der Berufsbildung durch oder stellt er für außerbetriebliche Maßnahmen der Berufsbildung Arbeitnehmer frei oder trägt er die durch die Teilnahme von Arbeitnehmern an solchen Maßnahmen entstehenden Kosten ganz oder teilweise, so kann der Betriebsrat Vorschläge für die Teilnahme von Arbeitnehmern oder Gruppen von Arbeitnehmern des Betriebs an diesen Maßnahmen der beruflichen Bildung machen.

(4) [1]Kommt im Fall des Absatzes 1 oder über die nach Absatz 3 vom Betriebsrat vorgeschlagenen Teilnehmer eine Einigung nicht zustande, so entscheidet die Einigungsstelle. [2]Der Spruch der Einigungsstelle ersetzt die Einigung zwischen Arbeitgeber und Betriebsrat.

(5) [1]Kommt im Fall des Absatzes 2 eine Einigung nicht zustande, so kann der Betriebsrat beim Arbeitsgericht beantragen, dem Arbeitgeber aufzugeben, die Bestellung zu unterlassen oder die Abberufung durchzuführen. [2]Führt der Arbeitgeber die Bestellung einer rechtskräftigen gerichtlichen Entscheidung zuwider durch, so ist er auf Antrag des Betriebsrats vom Arbeitsgericht wegen der Bestellung nach vorheriger Androhung zu einem Ordnungsgeld zu verurteilen; das Höchstmaß des Ordnungsgeldes beträgt 10 000 EUR. [3]Führt der Arbeitgeber die Abberufung einer rechtskräftigen gerichtlichen Entscheidung zuwider nicht durch, so ist auf Antrag des Betriebsrats vom Arbeitsgericht zu erkennen, dass der Arbeitgeber zur Abberufung durch Zwangsgeld anzuhalten sei; das Höchstmaß des Zwangsgeldes beträgt für jeden Tag der Zuwiderhandlung 250 EUR. [4]Die Vorschriften des Berufsbildungsgesetzes über die Ordnung der Berufsbildung bleiben unberührt.

(6) Die Absätze 1 bis 5 gelten entsprechend, wenn der Arbeitgeber sonstige Bildungsmaßnahmen im Betrieb durchführt.

Zu § 98: Geändert durch G vom 21. 12. 2000 (BGBl I S. 1983).

§ 99 BetrVG Mitbestimmung bei personellen Einzelmaßnahmen

(1) [1]In Unternehmen mit in der Regel mehr als 20 wahlberechtigten Arbeitnehmern hat der Arbeitgeber den Betriebsrat vor jeder Einstellung, Eingruppierung, Umgruppierung und Versetzung zu unterrichten, ihm die erforderlichen Bewerbungsunterlagen vorzulegen und Auskunft über die Person der Beteiligten zu geben; er hat dem Betriebsrat unter Vorlage der erforderlichen Unterlagen Auskunft über die Auswirkungen der geplanten Maßnahme zu geben und die Zustimmung des Betriebsrats zu der geplanten Maßnahme einzuholen. [2]Bei Einstellungen und Versetzungen hat der Arbeitgeber insbesondere den in Aussicht genommenen Arbeitsplatz und die vorgesehene Eingruppierung mitzuteilen. [3]Die Mitglieder des Betriebsrats sind verpflichtet, über die ihnen im Rahmen der personellen Maßnahmen nach den Sätzen 1 und 2 bekannt gewordenen persönlichen Verhältnisse und Angelegenheiten der Arbeitnehmer, die ihrer Bedeu-

tung oder ihrem Inhalt nach einer vertraulichen Behandlung bedürfen, Stillschweigen zu bewahren; § 79 Abs. 1 Satz 2 bis 4 gilt entsprechend.

(2) Der Betriebsrat kann die Zustimmung verweigern, wenn

1. die personelle Maßnahme gegen ein Gesetz, eine Verordnung, eine Unfallverhütungsvorschrift oder gegen eine Bestimmung in einem Tarifvertrag oder in einer Betriebsvereinbarung oder gegen eine gerichtliche Entscheidung oder eine behördliche Anordnung verstoßen würde,
2. die personelle Maßnahme gegen eine Richtlinie nach § 95 verstoßen würde,
3. die durch Tatsachen begründete Besorgnis besteht, dass infolge der personellen Maßnahme im Betrieb beschäftigte Arbeitnehmer gekündigt werden oder sonstige Nachteile erleiden, ohne dass dies aus betrieblichen oder persönlichen Gründen gerechtfertigt ist; als Nachteil gilt bei unbefristeter Einstellung auch die Nichtberücksichtigung eines gleich geeigneten befristet Beschäftigten,
4. der betroffene Arbeitnehmer durch die personelle Maßnahme benachteiligt wird, ohne dass dies aus betrieblichen oder in der Person des Arbeitnehmers liegenden Gründen gerechtfertigt ist,
5. eine nach § 93 erforderliche Ausschreibung im Betrieb unterblieben ist oder
6. die durch Tatsachen begründete Besorgnis besteht, dass der für die personelle Maßnahme in Aussicht genommene Bewerber oder Arbeitnehmer den Betriebsfrieden durch gesetzwidriges Verhalten oder durch grobe Verletzung der in § 75 Abs. 1 enthaltenen Grundsätze, insbesondere durch rassistische oder fremdenfeindliche Betätigung, stören werde.

(3) [1]Verweigert der Betriebsrat seine Zustimmung, so hat er dies unter Angabe von Gründen innerhalb einer Woche nach Unterrichtung durch den Arbeitgeber diesem schriftlich mitzuteilen. [2]Teilt der Betriebsrat dem Arbeitgeber die Verweigerung seiner Zustimmung nicht innerhalb der Frist schriftlich mit, so gilt die Zustimmung als erteilt.

(4) Verweigert der Betriebsrat seine Zustimmung, so kann der Arbeitgeber beim Arbeitsgericht beantragen, die Zustimmung zu ersetzen.

§ 75 BPersVG Mitbestimmung in Personalangelegenheiten der Arbeitnehmer

(1) Der Personalrat hat mitzubestimmen in Personalangelegenheiten der Arbeitnehmer bei

1. Einstellung,
2. Übertragung einer höher oder niedriger zu bewertenden Tätigkeit, Höher- oder Rückgruppierung, Eingruppierung,
3. Versetzung zu einer anderen Dienststelle, Umsetzung innerhalb der Dienststelle, wenn sie mit einem Wechsel des Dienstortes verbunden ist (das Einzugsgebiet im Sinne des Umzugskostenrechts gehört zum Dienstort),
4. Abordnung für eine Dauer von mehr als 3 Monaten,

4a. Zuweisung entsprechend § 29 des Bundesbeamtengesetzes für eine Dauer von mehr als 3 Monaten,

5. Weiterbeschäftigung über die Altersgrenze hinaus,

6. Anordnungen, welche die Freiheit in der Wahl der Wohnung beschränken,
7. Versagung oder Widerruf der Genehmigung einer Nebentätigkeit.

(2) [1]Der Personalrat hat mitzubestimmen in sozialen Angelegenheiten bei

1. Gewährung von Unterstützungen, Vorschüssen, Darlehen und entsprechenden sozialen Zuwendungen,
2. Zuweisung und Kündigung von Wohnungen, über die die Dienststelle verfügt, sowie der allgemeinen Festsetzung der Nutzungsbedingungen,
3. Zuweisung von Dienst- und Pachtland und Festsetzung der Nutzungsbedingungen.

[2]Hat ein Beschäftigter eine Leistung nach Nummer 1 beantragt, wird der Personalrat nur auf seinen Antrag beteiligt; auf Verlangen des Antragstellers bestimmt nur der Vorstand des Personalrates mit. [3]Die Dienststelle hat dem Personalrat nach Abschluss jedes Kalendervierteljahres einen Überblick über die Unterstützungen und entsprechenden sozialen Zuwendungen zu geben. [4]Dabei sind die Anträge und die Leistungen gegenüberzustellen. [5]Auskunft über die von den Antragstellern angeführten Gründe wird hierbei nicht erteilt.

(3) Der Personalrat hat, soweit eine gesetzliche oder tarifliche Regelung nicht besteht, ggf. durch Abschluss von Dienstvereinbarungen mitzubestimmen über

1. Beginn und Ende der täglichen Arbeitszeit und der Pausen sowie die Verteilung der Arbeitszeit auf die einzelnen Wochentage,
2. Zeit, Ort und Art der Auszahlung der Dienstbezüge und Arbeitsentgelte,
3. Aufstellung des Urlaubsplanes, Festsetzung der zeitlichen Lage des Erholungsurlaubs für einzelne Beschäftigte, wenn zwischen dem Dienststellenleiter und den beteiligten Beschäftigten kein Einverständnis erzielt wird,
4. Fragen der Lohngestaltung innerhalb der Dienststelle, insbesondere die Aufstellung von Entlohnungsgrundsätzen, die Einführung und Anwendung von neuen Entlohnungsmethoden und deren Änderung sowie die Festsetzung der Akkord- und Prämiensätze und vergleichbarer leistungsbezogener Entgelte, einschließlich der Geldfaktoren,
5. Errichtung, Verwaltung und Auflosung von Sozialeinrichtungen ohne Rücksicht auf ihre Rechtsform,
6. Durchführung der Berufsausbildung bei Arbeitnehmern,
7. Auswahl der Teilnehmer an Fortbildungsveranstaltungen für Arbeitnehmer,
8. Inhalt von Personalfragebogen für Arbeitnehmer,
9. Beurteilungsrichtlinien für Arbeitnehmer,
10. Bestellung von Vertrauens- oder Betriebsärzten als Arbeitnehmer,
11. Maßnahmen zur Verhütung von Dienst- und Arbeitsunfällen und sonstigen Gesundheitsschädigungen,
12. Grundsätze über die Bewertung von anerkannten Vorschlägen im Rahmen des betrieblichen Vorschlagswesens,
13. Aufstellung von Sozialplänen einschließlich Plänen für Umschulungen zum Ausgleich oder zur Milderung von wirtschaftlichen Nachteilen, die dem Beschäftigten infolge von Rationalisierungsmaßnahmen entstehen,
14. Absehen von der Ausschreibung von Dienstposten, die besetzt werden sollen,
15. Regelung der Ordnung in der Dienststelle und des Verhaltens der Beschäftigten,

16. Gestaltung der Arbeitsplätze,
17. Einführung und Anwendung technischer Einrichtungen, die dazu bestimmt sind, das Verhalten oder die Leistung der Beschäftigten zu überwachen.

(4) Muss für Gruppen von Beschäftigten die tägliche Arbeitszeit (Absatz 3 Nr. 1) nach Erfordernissen, die die Dienststelle nicht voraussehen kann, unregelmäßig und kurzfristig festgesetzt werden, so beschränkt sich die Mitbestimmung auf die Grundsätze für die Aufstellung der Dienstpläne, insbesondere für die Anordnung von Dienstbereitschaft, Mehrarbeit und Überstunden.

(5) [1]Arbeitsentgelte und sonstige Arbeitsbedingungen, die durch Tarifvertrag geregelt sind oder üblicherweise geregelt werden, können nicht Gegenstand einer Dienstvereinbarung (Absatz 3) sein. [2]Dies gilt nicht, wenn ein Tarifvertrag den Abschluss ergänzender Dienstvereinbarungen ausdrücklich zulässt.

Zu § 75: Geändert durch G vom 28. 5. 1990 (BGBl I S. 967), 14. 9. 2005 (BGBl I S. 2746) und 5. 2. 2009 (BGBl I S. 160) **(12. 2. 2009)**.

Stichwortverzeichnis

Bei den angegebenen Zahlen handelt es sich um die Randziffern des Buches.